그래도 나아간다는 믿음

UN 인권위원의 새로운 인권 이야기

그래도 나아간다는 믿음

UN 인권위원의 새로운 인권 이야기

2022년 6월 27일 초판 1쇄 발행
2022년 7월 25일 초판 2쇄 발행

지은이 서창록

펴낸이 김은경
책임편집 권정희
편집 이은규, 강현호
마케팅 박현정, 박선영
디자인 김경미
경영지원 이연정

펴낸곳 ㈜북스톤
주소 서울특별시 성동구 연무장7길 11, 8층
대표전화 02-6463-7000
팩스 02-6499-1706
이메일 info@book-stone.co.kr
출판등록 2015년 1월 2일 제2018-000078호

북스톤은 세상에 오래 남는 책을 만들고자 합니다. 이에 동참을 원하는 독자 여러분의 아이디어와
원고를 기다리고 있습니다. 책으로 엮기를 원하는 기획이나 원고가 있으신 분은 연락처와 함께 이
메일 info@book-stone.co.kr로 보내주세요. 돌에 새기듯, 오래 남는 지혜를 전하는 데 힘쓰겠
습니다.

그래도
나아간다는 믿음

UN 인권위원의 새로운 인권 이야기

서창록 지음

깊이 고민하는 인권학자이자

앞서 실천하는 인권활동가의 제안

북스톤

안과 밖 : '우리'는 누구인가?

_____ "내가 새롭게 깨닫게 된 것은 남을 배려할 때 진정한 자유가 온다는 사실이다."

2021년 출간한 나의 책 《나는 감염되었다》의 마지막 문장이다. 무슨 뜻이냐고 묻는 사람들이 있었다. 선뜻 대답하기 어려웠다.

출간 후 북토크나 인터뷰를 하면서 이 문장에 대해 해석하는 책을 쓰고 싶다고 여러 차례 얘기했다. 깊은 생각 끝에 쓴 문장이라기보다는 마음에서 우러난 대로 글로 옮긴 것이었는데, 지나고 다시 보니 너무나 많은 뜻을 품고 있는 것 같아서였다.

인권을 강조하는 이들은 '배려'라는 표현을 잘 사용하지 않는다. 인권은 말 그대로 인간으로서 마땅히 누려야 할 권리이므로 누가 누구를 배려하고 말고 할 것이 아니기 때문이다. 그럼에도 나는 왜 '배려'라는 말을 쓴 것일까?

이 질문이 이 책의 출발점이었다.

'인권' 하면 우리는 주로 '개인'을 떠올린다. 개별적인 한 사람의 권리라는 생각이 일반적이다. 하지만 '나'는 '남'이 없을 때 의미가 흐려진다. 외딴 섬에서 혼자 살아가는 사람을 생각해보자. 그곳엔 그 사람의 인권을 침해할 누군가도, 침해당한 권리를 구제해줄 외부 방안도 존재하지 않는다.

결국 '나'의 권리는 무리를 이루고 살아가는 '우리' 안에 포함될 때만 진정한 의미를 가진다. 인권은 '우리' 안에 살아가는 무수한 '나'들이 모두 함께 행복하기 위해 서로를 존중하고 배려하자는 약속이다. 자유를 포함한 나의 모든 권리가 남을 배려할 때만 가능한 이유가 여기에 있다.

그렇다면 '우리'는 누구일까?

'우리'의 범주는 상황에 따라 변한다. '우리'는 가족을 의미할 수도 있고 때로 친구나 동네, 학교, 인종 등으로 경계를 더 넓힐 수도 있다. 지구라는 범주에서 보면 '우리'는 대한민국을 의미하는 경우가 많다. 요즘은 글로벌 시대라 하여 세계시민 교육을 강조하지만, 여전히 '우리'의 정체성은 대부분 국가 단위에 갇혀 있다.

물론 이보다 더 넓게 경계를 그릴 수도 있다. '우리'가 여성을 의미할 때 그 안엔 지구 인구의 절반이 포함되며, 기후위기 앞에서 '우리'라 칭할 땐 지구에 사는 모든 이들이 포함된다. 반면 낯선 '우리'의 범주도 많다. '비장애인', '이성애자'라는 범주는 수많은 이들을 포함하지만 이런 의미로 '우리'를 인식하는 이들은 많지 않다. '우리'의 범주를 더 크게 그리고 더 다양하게 인식하는 연습이 필요하다는 생각이 든다.

◆◆◆

자유와 평등. 인권을 말할 때 가장 중요한 개념이다. 세계인권선언문 1조에는 "모든 사람은 태어날 때부터 자유롭고, 존엄과 권리에 있어 평등하다"라고 적혀 있다. 대한민국 헌법에서도 자유와 평등을 여러 번 강조한다.

하지만 세상은 그다지 자유롭지도 평등하지도 않다. 자유와 평등이라는 가치는 충돌하는 경우가 많아 둘을 동시에 완벽하게 성취하기란 매우 어렵다. 이를 놓고 서로 생각이 다른 사람들끼리 인류 역사 내내 다투어왔으나, 이기적이면서 동시에 이타적인 인간에게 자유에 더 방점을 두는 개인주의와 평등에 방점을 두는 공동체주의는 둘 다 양보할 수 없는 이념이었다.

수많은 이들이 노력했건만 자유와 평등의 완벽한 조화는 세상에 존재하지 않는다. 시대에 따라, 상황에 따라 변할 뿐이다. 무엇이 정의로운가에 대한 생각도, 인권의 해석도 그에 따라 달라질 수밖에 없다. 이 변화가 급격할수록 사람들 사이의 인식 차이는 커지고 갈등의 수위는 높아진다.

이 시대에 자유와 평등은 어떻게 조화와 균형을 이루어내야 하는가. 그 사이에 '배려'가 가지는 의미는 무엇인가. 고민은 깊어만 간다.

자유와 평등의 논의가 활발해지는 와중에 잊힌 인권의 나머지 한 축이 있다. 바로 '우애'다. 인권의 기초를 제공한 프랑스 혁명의 3가지 이념은 '자유, 평등, 우애(박애, 형제애, 연대라는 단어를 사용하기도 한다)'다. 1948년 채택된 세계인권선언문도 연대의 중요성과 공동체에 대한 개인의 의무를 명확히 기술하고 있다.

하지만 세계적으로 인권 관련 제도가 정교하게 발전하면서 연대의 중요성은 오히려 빛이 바래고 있다. 우리나라도 마찬가지다. 개인의 권리 측면에서만 인권이 강조되는 형국이다.

서구식 근대적 국가를 세우며 우리는 서구식 자유의 개념도 함께 배웠다. 그것을 지키기 위해 치열하게 싸우고 때로는 피를 흘렸다. 그 결과 정치적 민주화를 이루고 경제적 발전도 성공적으로 이끌어왔다. 우리는 너무나 훌륭한 학생이었다.

나 역시 그랬다. 자유가 최우선 가치라고 생각했다. 1980년대 미국에 유학을 가서 처음 맛본 자유가 너무 짜릿했다. 자유가 있어야 잘 살 수 있고 행복할 수 있다고 생각했다. 자유가 없으면 발전도 없고 평화도 없다고 믿었다. 자유를 얻고 인권을 지키는 일을 평생 업으로 삼겠다고 결심한 것도 이 무렵이다.

그러나 자유를 얻는 과정에서 우리는 많은 부작용을 겪어야 했다. 그 상처를 치유하기 위해 평등을 고민하기 시작했다. 그러나 개인의 자유와 공동체 구성원 간의 평등이 어떻게 균형과 조화를 이루어야 하는지에 대해 깊이 생각하고 의견을 나누는 형태는 아니었다. 그 대신 생각이 다른 사람들끼리 치고받고 싸우며 치열하게 달려왔다.

그 과정에서 우리 사회의 선도적인 이념으로 자리 잡은 자유라는 가치를 비판적으로 바라보지 못했고, 다수가 지지할 수 있는 내용의 평등을 창조하지도 못했다. 이런 상황이었으니 우애나 연대에 대해서는 생각도 못한 게 어쩌면 당연하다.

과연 주체성 없는 자유의 개념이 언제까지 우리를 행복하게 해줄 수 있을까.

◆ ◆ ◆

해방 이후 우리가 서구에서 받아들인 또 한 가지는 주권국가체제다. 이 제도에 따르면 주권을 가진 각 국가는 자유로운 주체로서 다른 나라에 간섭받지 않게끔 되어 있다.

국가에 주어진 이 자유는 영원할 것인가. 큰 고민 없이 국가들에 주어진 이 자유가 인류에게 얼마큼의 평화와 번영을 제공할 것인가. 남을 배려하고 양보하면 내게도 자유가 오듯, 한 국가가 다른 국가를 배려하며 자유를 얻는 것은 가능한가. 국가 안에서도 연대가 어려운데 과연 국가 간의 연대가 증진될 수 있을까. 서로 연대하지 않으면 결국 우리 모두 위험에 처하리라는 걸 사람들은 깨닫게 될까. 그렇게 되면 세상은 과연 달라질까.

이런 고민에 빠져들기에 앞서, 근대 주권국가 체제의 역사는 그리 길지 않다는 사실을 기억할 필요가 있다. 17세기부터라 해도 400년 남짓에 불과하고, 전 세계가 진정한 주권국가 체제에 들어선 것이 2차 세계대전 이후라고 본다면 70여 년밖에 되지 않는다. 현재의 이 시스템이 언제까지 이어질지 누구도 확답할 수 없다.

그러니 우리는 지금 여기 있는 것들, 그 너머를 상상해야 한다.

디지털 기술을 바탕으로 한 4차 산업혁명, 전 세계를 강타한 코로나19, 한 치 앞도 예상하기 어려운 기후위기 등 누가 뭐래도 지금은 대변혁의 시기다. 인류의 미래를 위해서라도 우리는 지금 일어나는 변화에 제대로 대처해야 한다. 아울러 그 변화의 한가운데에서 평범한 나와 이웃들의 삶은 어떻게 달라질지, 다가올 미래에 인간의 존엄은 어떻게 지켜낼 것인지도 함께 고민해야 한다. 이제 대한민국은 더 이상 남이 만들어놓은 것을 모방하고 수동적으로 배우는 처지가 아니다. 문제를 제대로 진단하고 이념과 제도를 선도하며 책임을 감당해야 하는 위치에 있다는 걸 잊으면 안 된다.

이런 숱한 고민과 질문을 가슴에 품은 채, 이야기를 시작한다. 내 이야기이자 우리의 이야기를.

1부

나의 인권,
그 너머

"죄책감은 없고
수치심만 있는 한국인"

_____ 세계인권선언은 첫 문장에 모든 사람은 태어날 때부터 자유롭고, 존엄과 권리에 있어 평등하다고 기술하고 있다. 우리가 잘 아는 인권의 기초다. 그런데 두 번째 문장에는 "사람은 이성과 양심을 타고났으므로 서로를 형제애의 정신으로 대해야 한다"라고 씌어 있다. 잘 알려지지 않은 문장이다.

이성과 양심, 형제애.
인권에 이것들이 왜 중요할까?

사람은 누구나 반칙을 조금씩 하며 산다. 친구와의 약속을 어기기도 하고, 집안의 규칙을 깨고 부모님께 거짓말을 하기도 한다. 간혹 무단횡단을 하는 등 법을 어기는 행위를 할 때도 있다. 사고가 나거나 남에게 피해를 주지 않으면 대부분 별 문제 없이 넘어간다. 양심의 가책을 느낄 일이지만, 이런 행위와 인권을 연결하는 이는 많지 않다.

오래전, 한국의 산업화 과정을 잘 아는 어느 미국인 교수가 이런 말을 했다. "한국인은 죄책감이 없고 수치심만 있는 것 같다." 법에 어긋나는 행동을 해도, 법원에서 유죄가 판결되어도 잘못했다고 반성하지 않고 재수가 없거나 억울하다고만 생각한다는 것이다. 어느 나라나 이런 사람들이 있을 텐데 왜 그 교수는 유독 한국인만이, 그리고 한국인 전체가 그런 것처럼 말했을까.

과거 우리나라 경제가 급격히 일어나던 시기, 부를 쌓기 위해 양심을 도외시한 사람들도 있었다. 이런 사람들은 잘못이 탄로 나도 반성하는 모습을 보이지 않았다. 걸린 것이 창피했을 뿐이다. 그들의 성공을 지켜보는 사람들에게도 그 뻔뻔함이 조금씩 퍼져 나갔다. 그런 점에서 나는 그의 지적이 일리 있다고 생각했지만, 왜 그런지 깊이 되짚어보지는 않았다.

반칙을 했음에도 양심의 가책을 느끼지 않는 이유는 무엇일까?

몇 년 전 〈스카이캐슬〉이라는 드라마가 방영되었다. 서울대학교 의대에 진학하기 위해 학부모들과 학생들이 치열하게 경쟁하며 온갖 반칙과 편법, 탈법을 저지르다 급기야 살인에 이르는 이른바 막장드라마다. 드라마에서 어느 아버지는 집에 피라미드 모형을 놓고 저 꼭대기에 올라야 한다고 아이들을 계속 세뇌했다. 수단과 방법을 가리지 말고 정상에 오르라는 것이다. 나는 이 드라마가 과장되기는 했지만, 오랫동안 누적된 한국사회의 문제점을 잘 보여주었다고 생각했다.

우리는 욕망은 가지되 주변과 잘 지내고, 남의 이익을 해치지 않고 타인과 공감해가면서 피라미드를 한 단계씩 밟아가는 사람이 되기를 원하고 그런 사람을 존경한다. 그렇다면 돌이켜보자. 지난 40여 년간 그런 사람이 한국 사회에 얼마나 있었을지. 그런 사람이 얼마나 성공할 수 있었을까. 반칙과 편법을 전혀 저지르지 않고 성공한 사람이 몇이나 될까. 만약 반칙과 편법을 저질렀다면 양심의 가책을 받고 있을까. 그런 사람이 우리 사회에 많다면 누군가의 인권은 침해받고 있는 것 아닌가.

개중에는 기존 관행과 제도가 정당하지 않다고 여겨 그에 어긋나는 행동을 하면서 양심의 가책을 받지 않은 이들도 있을 것이다. 그러나 설령 제도가 훌륭해도 반칙과 편법이 많은 세상에선 그런 행위에 대한 죄책감이 별로 없고 양심의 범위도 좁아진다.

나는 1980년대에 운전을 배웠다. 그때 운전 선배들에게 가장 먼저 배운 것은 교통법규를 위반했을 때 대처하는 방법이었다. 당시 길거리에서 교통법규 위반으로 걸렸을 때 면허증을 내밀며 5000원짜리 지폐 한 장 끼워서 주면 경찰들이 모른 척하고 그냥 보내주곤 했다. 나는 그렇게 했다. 양심에 전혀 꺼리지 않았다. 오히려 그런 배짱이 자랑스러웠다. 지금 같으면 뇌물 혐의가 붙는다. 오늘날 경찰에게 돈을 주는 것은 심각한 위법행위다.

내가 대학을 다니던 시절에는 학과 수업교재를 다들 복사해서 보았다. 한두 명의 예외가 아니라 아예 수강생들이 단체로 복사집에 맡겼다. 지금의 기준으로는 엄연한 저작권 침해다. 지금은 책을 비롯해 각종 콘텐츠 저작권에 대한 대중적 인식이 높아졌지만, 교재 복사는 꽤 오랫동안 당연한 듯 이루어졌다.

표절은 어떤가. 표절이 옳지 않은 행위임은 과거에도 모두가 알고 있었지만, 의식적으로든 무의식적으로든 하곤 했다. 지금 그랬다간 큰일이 난다. 장관에 임명되었다가 표절 이슈로 낙마하는 사람들을 우리는 많이 보았다. 심지어 몇 년 전에는 대학교 총장으로 선출된 분이 자기표절 문제로 사퇴한 경우도 있었다. 이중게재가 발단이었는데, 그분이 젊은 교수였을 시절 이중게재는 전혀 문제가 아니었다. 오히려 출판 권수를 늘리기 위해 학교에서 권장하는 분위기였다. 하지만 오늘날의 규범은 그것을 용인하지 않는다. 과거에 관행으로 했던 일이 현재의 규범에 의해 부도덕한 행위로 간주되는 것이다.

이제 우리 사회는 과거의 잘못을 철저히 검증하고, 걸린 사람은 부도덕한 사람이 된다. 그저 부도덕한 정도가 아니라 법적 책임을 묻고 소행에 따라 처벌된다. 이것이 정당하다고 사람들은 말한다.

하지만 당사자는 억울하다. 과거에 관용되던 행동이 후대의 기준으로 평가받는 것은 합당하지 않다고 주장한다. 비슷한 시기에 비슷한 행동을 했는데 운 좋게 스포트라이트를 받지 않은 사람들과 비교해 차별받는다고 억울해한다. 그래서 수치심은 있지만, 죄책감은 없다. 누가 옳고 누가 그른지 혼란스럽기도 하다.

한국 사회는 격동의 세월을 거치면서 사회규범도 빠르게 변화해왔다. 30년 전에 옳았던 것이 지금은 옳지 않다고 보게 된 것도 많다. 법과 현실과의 괴리도 크다. 법이 잘못되었으니 지키지 않아도 된다고 생각하기도 쉽고, 남들이 안 지키니 나도 안 지킨다고 생각하기도 쉽다.

빠르게 변화하는 윤리와 도덕규범 속에 인권에 대해 회의적인 시각을 갖기도 쉽다. 시대에 따라 변하는 인권이 과연 절대적인 가치를 가지는지 의구심이 생길 수도 있다. 한 사람의 행동에 대해 윤리적으로 옳다 그르다를 판단하기는 더 어려워졌다.

그렇다고 해서 인권 이해하기를 포기해도 되는 것이냐 묻는다면, 그건 아니다. 사회적인 토론과 합의로써 인권의 기준과 가치에 대한 결론을 내리지 않으면 결국 그 결정은 국가 또는 권력을 가진 이해집단이 내릴 것이기 때문이다. 그들의 입맛에 맞는 방향으로 결정되지 않으리라는 보장이 없다.

인권전문가인 나 또한 늘 인권의 절대성에 물음표를 던지고 변화하는 도덕 기준을 감지하기 위해 노력한다. 인권에 대한 성찰을 업으로 삼지 않은 이들에게 이러한 대화에 시간을 내달라 요청하는 것이 얼마나 어려운 일인지 안다. 이 책은 사회가 변함에 따라 인권에 대한 이해와 관련 규범은 어떤 식으로 변화해야 하는지 토론하는 자리에 더 많은 사람의 목소리가 반영되도록 하려는 내 노력의 첫걸음이다.

사회 변화에서 인권의 방향성을 성찰하는 작업은 어렵긴 하지만 헛된 일이 아니다. 지금 우리 사회에는 교통법규를 어겼을 때 뇌물을 주는 운전자도, 커닝을 하는 대학생도, 논문을 표절하는 교수도 드라마틱하게 줄었다. 많은 사람의 성찰과 노력이 이러한 변화의 밑거름이 되었을 것이다.

공정한 사회를 만들기 위한 노력을 시작할 때는 타인의 공정하지 못한 행동을 보는 동시에 자신의 행동도 돌아보아야 한다. 으레 내가 하는 반칙은 정당하고 남이 하는 반칙은 부당하다고 생각하기 쉽다. 양심의 범위가 좁아지고 내가 하는 일은 옳고 남이 하는 일은 그르다고 생각하는 이유는, 그동안 우리 사회가 지나치게 경쟁적으로 또 대립적으로 발전해오면서 상대에 대한 배려가 줄어들었기 때문이다. 공동체 내에서 서로 배려할 때 양심의 범위가 넓어지면서 인권도 증진될 수 있을 것이다.

아내의 선택은
온전히 자유로운 것이었을까

‾‾‾‾‾‾‾‾ 우리 부부는 대학을 졸업하고 유학길에 올랐다. 그곳에서 나는 공부를 계속했고, 아내는 공부를 포기했다. 첫 아이를 낳고 그 밑으로 아이 둘을 더 낳은 후 지금까지 전업주부로 살아가고 있다. 공부를 계속해서 자기 길을 찾았다면 지금쯤 매우 인기 있는 교수가 되었을지 모를 일이다.

그 모든 계획은 나를 만나는 바람에 틀어졌다.

대학교 1학년 때 나를 만나 4년을 연애한 후 결혼하고, 뜻하지 않게 일찍 아이를 갖게 된 아내에게 심한 입덧이 찾아왔다. 결국 첫 학기도 마치지 못한 채 학업을 중단한 아내는 집에 머물며 공부하는 나를 뒷바라지했고, 이후 공부를 다시 시작하려 몇 차례 시도했으나 결국 아이 둘을 더 낳은 후 뜻을 접었다.

아내의 이 선택은 과연 온전히 자유로운 결정이었을까?

나는 오랫동안 이것이 아내의 의사에 따른 자발적인 선택이었다고 생각했다. 여성이 임신하고 출산한다고 모두 공부를 못 하고 일을 못 하게 되는 것은 아니다. 많은 여성이 육아와 업무를 병행하고 있고, 우리 세대에도 그런 예가 없지 않았다. 나는 아내도 그렇게 되기를 바랐다. 학업 중단을 결정할 때마다 나는 아내에게 신중하게 생각하기를 권했다. 힘든 그때만 잘 넘기면 될 거라고 얘기했다.

과정이 이랬으니 내 생각에 아내의 결정은 본인이 스스로 내린 것이었다. 나는 떳떳했다. 아내도 가사에 충실하며 중단한 학업 얘기는 꺼내지 않았다.

내가 잘못 생각하고 있었다는 것을 깨닫기까지는 한참의 시간이 걸렸다.

나는 요리도 못하고 청소도 하지 않는 뻔뻔한 대한민국 남자로 살았다. 어려서부터 집안일은 여자만 하는 환경에서 자랐고 결혼 후에도 당연하다는 듯 그렇게 살았다.

집안일도 안 하고 어쩌다 가끔 아이와 놀아주는 남편과 살면서 살림하고 아이들을 키우는 동시에 공부도 하고 커리어까지 쌓아가는 게 어디 쉬운 일인가. 내가 아내에게 권한 길은 애초에 실현 가능성이 희박한 것이었다. 인권을 공부하고, 더 생각하고, 실천에 옮기려고 노력하면서야 겨우 알게 되었다. 아내의 결정이 자신만의 선택이 아니었다는 걸, 사회구조와 문화가 만들어낸 결과물이라는 것을 말이다.

뒤늦게 깨달은 후 나는 아내를 더 이해하려 노력 중이다. 오랜 착각과 무지를 인정하는 내게 아내는 "이제라도 알았으니 다행"이라며 웃곤 한다.

여성 인권은 인권의 역사에서 매우 중요한 위상을 지닌다. 여성은 전 지구적으로 오랫동안 차별받아 왔고 지금도 그렇다. 특히 한국의 경우 여성의 사회진출은 빠르게 증가했으나 전문직이나 고위직, 공직 등 주요 의사결정이 이루어지는 일자리에 진출한 여성 비율은 다른 선진국과 비교할 때 여전히 낮다. 국제의원연맹 International Parliamentary Union, IPU 자료에 따르면 한국의 여성 국회의원 비율은 아직도 세계 121위다. 여성의 희생을 강요해온 우리 사회의 오랜 억압과 떨어뜨려 생각할 수 없는 문제다.

재능을 펼칠 수 있었던 사람이 사회구조 때문에 그 일을 못 한다면 당사자는 물론이거니와 우리 모두에게 안타까운 일이다. 과거보다 나아졌다는 이유로 여성 인권에 대한 논의를 중단해서는 안 되는 이유다. 우리는 여전히 더욱 적극적으로 여성 인권을 이야기해야 한다.

단, 그렇다고 해서 사회진출이 개개인의 주관적인 행복을 측정하는 유일한 척도라는 것은 아니다. 애초에 그렇게 될 수도 없다.

앤 마리 슬로터Anne-Marie Slaughter라는 미국의 국제정치학자가 있다. 프린스턴 대학교 교수로 재직하다 오바마 행정부에서 국무부의 요직을 맡아 일했는데, 2년 후 승진 기회를 마다하고 가정으로 돌아갔다. 가족들과 더 많은 시간을 보내고 싶다는 이유에서였다. 이후 그는 〈디 애틀랜틱〉이라는 시사지에 "왜 여성은 아직도 일과 가정, 둘 다 가질 수 없는가Why Women Still Can't Have It All"라는 글을 써 큰 반향을 일으켰다.

그는 남녀가 평등하고 여성도 똑같이 사회적 성공을 이룰 수 있다는 걸 보여주는 아주 모범적인 삶을 살아왔지만, 커리어의 정점에 다다랐다고 느낀 순간 현실은 그렇지 않다는 걸 깨달았다고 고백했다. 그는 한창 성장기인 10대 자녀들에게 엄마가 필요하다

고 느꼈고, 그 순간 모든 걸 버리고 집으로 돌아갔다. 그리고 책을
썼다.

앤 마리 슬로터의 경우를 보며 문득 내 아내의 삶이 떠올랐다.
아내는 꿈을 이루지 못했으니 내내 불행한 삶을 살아왔을까.

사회활동의 역량을 갖춘 여성이 그 길을 선택하지 않고 육아에
전념했다고 해서 덜 행복한 삶이라 규정할 근거는 어디에도 없다.
인간의 욕구는 다양하다. 그 안에는 자녀를 낳고 건강하게 키우고
싶은 본능적인 욕구 또한 있다. 그러나 언제부터인가 우리는 사회
활동이 가장 고귀한 자아실현인 양 여기게 되었다. 이런 기준이라
면 돈 버는 직업을 갖지 않은 채 살림과 육아를 전담하는 전업주
부들의 위상과 보람, 노동의 가치는 폄하될 수밖에 없다.

앤 마리 슬로터는 돈 버는 일breadwinning과 돌보는 일caregiving 둘
다 중요하다고 강조한다. 문화권마다 차이는 있지만 통상 남성은
돈 버는 일을, 여성은 돌봄노동을 담당하는 것이 당연시되어 왔
다. 페미니스트로 성평등을 주창하고 사회적 성공을 위해 질주해
온 그이지만, 진정한 평등을 위해서는 여성과 남성 모두 사회적 성
공과 돌봄의 역할을 함께 추구할 수 있는 시스템이 갖추어져야 한
다고 강조했다. 그 일을 평등하게 나눠 할 수 있는 조건이 충족될

때 성평등이 이루어질 수 있다는 것이다. 2012년 당시의 미국은 아직 그 수준에 도달하지 못했다고 그는 말했다.

자녀를 낳고 건강하게 키우든, 전업주부가 아닌 다른 직업으로 자아실현을 하든 상관없이 개인의 선택은 존중받아야 한다. 이 두 가지는 비교할 것도 없이 모두 소중하고, 인간이 공동체를 이루어 살아가는 데 꼭 필요한 일이다.

오히려 문제는 이 둘 사이의 우열이 아니라 여전히 한쪽 성별에 한 가지 역할만 강요하는 관행 아닐까.

언뜻 세탁기는 여성을 가사노동에서 해방시킨 주역인 듯하지만, 세탁기를 비롯한 생활가전의 발전은 여성의 실질적인 노동시간을 줄이는 데 실패했다. 생활가전의 발전으로 가사와 직장일을 병행하는 여성이 늘어났기 때문이다. 이는 기술의 발전이 반드시 사회의 발전을 담보하지는 않는다는 것을 방증한다.

여성의 사회진출이 늘어남에 따라 성역할의 고정관념을 해체해야 할 필요성은 더욱 긴요해지고 있다. 여성의 사회진출은 증가하는 반면 성역할 고정관념은 깨지지 않는 바람에 많은 여성이 직장과 가사 및 양육 부담의 장시간 노동에 시달리고 있다. 밖에서 일하는 여성들은 집에 돌아와서도 일을 해야 하는 이중 노동으로 내몰린다. 성역할에 대한 뿌리 깊은 고정관념을 방조하고 있지는 않은지 우리 모두 되물어야 한다.

　고착된 성역할을 타파하는 것은 여성만을 위한 것이 아니다. 일하는 여성들에 대한 사회적 인식이 그나마 바뀌어온 것과 달리 살림과 육아를 전담하는 남성에 대한 인식은 크게 달라진 것 같지 않다. 가깝게는 친구나 가족들의 걱정을 사고 사회적으로는 무능력한 사람으로 낙인 찍히기 쉽다.

　내 사촌동생은 미국에서 의사로 일하는데 남편이 전업주부로 살림과 육아를 전담한다. 예전엔 나 또한 그를 늘 '부족한 놈'이라 여겼다. 아내보다 능력이 떨어져서 저런다고 생각했다. 사촌동생은 의사로서 자기 커리어를 지속하고 싶어 했고, 남편보다 벌이도 더 좋았다. 장애를 가진 자녀가 있어 부모 중 한 명은 육아를 전담해야 하는 상황이기도 했다. 이런 모든 조건을 두고 부부가 상의해서 합리적으로 내린 결정이었음에도 나는 쉽게 받아들이지 못했다. 사촌인 나조차 동생의 남편에게 이런 부당한 평가를 했는데, 과연 주변 사람들은 따뜻한 시선으로 이 가족을 바라보았을까.

　나는 남자답게 살아야 한다는 말을 무수히 들으며 자란 세대다. 엉엉 울다가도 사내놈이 그러면 안 된다는 말을 들으면 꾹 참았다. '남자는 태어날 때와 어머니 돌아가실 때만 운다'는 말은 격

언처럼 어린 내 마음속에 새겨졌다. 그 말대로 나는 평생 남자답
게 살려 노력했고, 살면서 내가 한 행동의 많은 부분은 그 지침에
서 출발했다. 물론 이런 생각의 한계와 문제점은 명확하다.

아, 내가 깨달은 것을 모두 일상에서 실천하고 바꿔나갈 수 있다
면 얼마나 좋을까.

가끔 성차별이 없는 사회에 살았다면 나와 아내는 지금 어떤 모
습일까 상상해본다. 소설에나 나올 법한 '그랬더라면 어땠을까' 하
는 가정은 미련을 불러오기 마련이다.

그때그때 주어진 환경에서, 당대의 사회규범에 맞추어 우리는
각자의 선택을 한다. 우리 대부분은 남을 배려하며 함께 행복하게
살기 위해 노력하는 평범한 사람들이다. 한정된 선택지 속에서 최
선의 결정을 내리며 나름의 행복을 좇는다. 그런 만큼 다른 이의
인생을 두고 이렇다 저렇다 평가하는 것보다, 나의 행복이 누군가
에게 부당함을 강요한 결과는 아닌지, 모두가 함께 행복해질 방법
은 무엇인지 생각하는 데 더 시간을 쏟고 싶다.

층층시하에서 학대에 가까운 고된 집안일에 시달렸던 우리의
어머니들, 가정의 모든 책임을 떠안고 바깥에서 버거운 짐을 감당
했던 우리의 아버지들, 여자라는 이유로 여전히 커리어의 제약을
받는 여성, 가족을 직접 돌보고 싶어도 사회적 시선 때문에 망설

이는 남성, 모두가 다 공동체 안의 우리다. 개개인의 탓으로 돌리기보다는 서로 배려하고 이해하고 공감하며 구조적 문제를 해결해가야 하지 않을까.

왜 나는
맞는 게 당연했을까

_____ 나는 초등학교 때 야구를 했다. 그냥 취미로 한 것이 아니라 리틀야구 선수로 협회에 등록된 운동선수였다. 국가대표로 선발되기도 한, 제법 잘하는 선수였다.

내가 좋아서 시작한 것이지만, 운동선수 시절의 기억은 온통 얻어맞는 것이었다. 수비 연습을 하다가 공을 놓치면 곧바로 감독님에게 뛰어가서 엎드려뻗쳐를 한 채로 엉덩이를 두들겨 맞았다. 정식 경기에서 지면 시합이 끝난 후 집단으로 구타당했다. 한겨울 혹독한 날씨에 옷을 벗고 쪼그려 뛰기를 온종일 시켰다. 어린아이들에게 가혹한 행위임이 틀림없다.

하지만 나는 큰 불만이 없었다. 당연한 것으로 생각했다. 내가 잘못했으니 야단을 맞는 것이고, 우리가 못해서 졌으니 응당 체벌을 당해야 한다고 생각했다. 또 나를 더 훌륭한 선수로 키우기 위한 감독의 노력이라고도 생각했다. 요컨대 그 일로 나의 스포츠 사랑이 식지는 않았다. 구타는 운동의 일부라 여겼다. 그 감독님이 나의 인권을 침해한다는 생각은 해본 적이 없고, 오히려 그분을 존경했다. 그 감독님은 그렇게 배웠고, 그렇게 하는 것이 선수들의 기량을 키워주는 것이라 믿었을 것이다.

1983년 청소년 월드컵에서 대한민국 축구 대표팀이 4강에 올랐다. 2002년 월드컵에서 4강에 오르기 한참 전이다. 위대한 업적이다. 그때 청소년 국가대표팀 감독이 TV에 나와서 했던 말이 기억난다. 축구선수들은 때려야 잘한다는 것이다. TV 인터뷰에서 공공연히 그런 말을 하니 조금은 인상이 찌푸려졌지만, 당시 대중 정서에 크게 어긋나는 얘기는 아니었다.

체벌은 운동선수에게 필요하다고 우리 사회에서 오랫동안 정당화되어 왔다. 선수의 기량을 키우기 위한 가장 직접적이고 효과적인 방법으로 여겨졌다. 그러나 세월이 흘러 지금, 기억 속 나의 야구 감독님과 선수들을 때려 성과를 얻은 국가대표 축구 감독은 잘못된 지도자의 본보기가 되었다.

국제사회에서는 이미 오래전부터 스포츠를 하나의 인권으로 인식해왔다. 스포츠가 문화의 한 부분으로 기능하기 때문이다. 유럽연합에서는 1992년에 스포츠헌장을 제정하였고 유네스코는 1978년에 제정된 '체육과 스포츠 국제헌장'을 2015년에 개정하였다.[1] 이제 이 같은 조약을 스포츠인의 기본권으로 인정하고 있다. 우리나라에서도 스포츠권을 헌법에 규정하여 기본권으로 받아들여야 한다는 주장이 계속되고 있다.

그에 따라 국내에서도 제도적으로 많은 발전이 있었다. 2010년에 경기도, 2011년에는 광주광역시, 2012년에는 서울시에서 학생인권조례를 시행했고, 2011년에는 초·중등교육법 시행령 제31조(학생의 징계)에 "학생을 징계할 때 도구, 신체 등을 이용하여 학생의 신체에 고통을 가하는 방법을 사용해서는 아니 된다"라고 명시했다. 국가인권위원회 차원에서도 교내 체벌 실태에 더욱 관심을 기울이기 시작했으며, 운동부 선수들도 체벌과 폭언에서 벗어날 수 있도록 권고하고 있다. 실제로 2017년 8월 국가인권위원회는 중학교 운동부 코치의 체벌 및 폭언 주의 권고에서 "교육자는 체벌이 아닌 효과적인 지도 방법을 개발해야 할 책임과 의무가 있다"고 강조했다.

사실 스포츠 폭력은 단순히 규범 수준의 문제가 아니다. 현행 법체계에서 스포츠 폭력에 적용할 수 있는 법 조항만 해도 아동복지법 제29조, 폭력행위 등 처벌에 관한 법률, 학교폭력예방 및 대책에 관한 법률, 초중등 교육법 제18조, 유엔아동권리협약 19조 등 수십 가지에 이른다.[2]

그럼에도 현실은 다르다. 2020년 6월, 경주시청 소속의 트라이애슬론 선수가 감독을 포함한 팀 소속 인원들로부터 여러 차례 구타와 가혹 행위에 시달리다 스스로 목숨을 끊은 사건이 사회에 큰 파장을 일으켰다.[3] 2021년 4월에는 강원도 춘천 지역의 중학교 운동부 코치가 수년간 학생 선수들에게 폭언, 폭행을 저지른 의혹으로 학부모와 해당 종목 협회로부터 고발됐다.[4] 2008년 국가인권위원회가 전국 중고등학교 남녀 학생 선수 1139명을 대상으로 실시한 설문조사에 78.8%가 폭력을 경험했다고 응답했다.[5] 대학은 좀 다를까? 그렇지도 않다. 체육대학마다 폭력 근절을 다짐하지만 뿌리는 쉽게 뽑히지 않는다.[6]

그리하여 2010년에는 스포츠인권헌장과 폭력 예방, 성폭력 예방, 학습권 보호 등 3개 부분의 가이드라인으로 구성된 국가인권위원회 '스포츠인권가이드라인'이 각 체육단체에 권고되기에 이르렀다. 2019년에는 국가인권위원회에서 '스포츠인권헌장'을 발표했다. 스포츠인권헌장은 체육정책 관계자, 지도자, 운동선수 및 시민들이 알아야 할 스포츠의 참의미와 신체활동의 사회적 역할을 천명하기 위해 제정되었다.

의문이 든다. 이처럼 다양한 권고와 규정에도 불구하고 왜 스포츠계에는 여전히 인권침해가 계속되는가.

진정한 스포츠인이라면 승리를 위해 그 어떤 대가도 치를 준비가 되어 있어야 한다는 우승지상주의, 승리지상주의가 만연하기 때문인 것 같다.

1972년 뮌헨올림픽에서 한국 여자배구가 4위를 기록했다. 지금처럼 TV에서 생중계를 하지 않던 시절, 중학생이던 나는 라디오를 들으며 열렬히 응원했다. 동메달 결정전에서 우리에게 패배를 안긴 팀은 북한이었다. 당시 북한은 우리보다 스포츠 강국이었다는 사실을 사람들이 잘 모른다.

북한에 패배한 한국 팀은 혹독한 훈련으로 유명한 일본인 감독을 영입했다. 그의 가혹한 훈련은 곧바로 시작되었다. 선수들이 특별 휴가를 받자 "여자선수들은 3일만 풀어놓아도 엉덩이에 살찌는 소리가 들리는 법이다. 어쩌려고 그렇게 오래도록 놀게 하느냐"라는 말을 남긴 다이마쓰 히로부미 감독은 훈련 중 구타와 욕설을 서슴지 않았다. 이 때문에 국가대표 유망주였던 박인실 선수가 선수촌을 이탈하는 사태가 벌어졌다. 당시 여론은 그 선수를 강하게 비판했고, 결국 그 선수는 영구 제명되었다. 그리고 1976년 몬트리올 올림픽에서 우리 여자배구팀은 대망의 동메달을 땄다. 새벽에 이불을 뒤집어쓰고 가족들 몰래 라디오 방송을 듣던 기억이 지금도 생생하다. 헝가리를 꺾고 동메달을 따냈을 때의 기쁨은 이루 말할 수 없었다. 나는 이불 속에서 엉엉 울었다. 나만 그랬을까. 온 나라의 기쁨 속에 박인실 선수는 사람들의 기억에서 지워졌다.

2021년 한국 여자배구가 도쿄올림픽에서 4강에 다시 올랐다. 몬트리올 올림픽과 다른 점이 있다면 학교 폭력 가해자로 논란이 된 선수들이 대표팀에서 배제되었다는 사실이다.

그들의 폭력 논란이 불거진 후 잇따른 스포츠계의 폭력 고발에 팬들과 누리꾼들은 실망과 분노를 감추지 못했다. 개인의 일탈이 아니라 말 그대로 '구조적 폭력'이었다는 것이 드러났기 때문이다. '구조적 폭력'은 몇 개의 예외적인 사건이나 몇 명의 예외적 인물이 아닌 특정 조직의 근본적인 특성에서 기인해 부조리가 반복되는 경우를 일컫는 용어다. 과거의 체육지도자들은 폭력을 가하면서도 잘못된 행동이라 생각하지 않았고, 선수들도 부당한 폭력이라 여기지 않은 경우가 많다. 스포츠라는 경쟁적인 행위에서 관련 조직들은 선수들의 인권을 방치한 채 승리만 주문했고, 국가에 메달을 가져오기만 하면 선수들의 과거 행적은 얼마든지 용서될 수 있다는 국수주의적 가치관이 형성된 것이다. 선수들에게 신체적, 정신적 상처를 입혔을 가혹한 훈련은 생각하지 않고 메달 획득에만 환호한 나 또한 이 구조적 폭력에 가담한 셈이다.

이는 마치 여성들이 차별당하는 사회적 구조가 형성되었음에도 이를 느끼지 못하던 때가 있었던 것과 같다. 이 때문에 지금의 잣대로 과거의 가해자들과 과거의 체육지도자들에게 책임을 묻기는 어렵다는 말도 나온다. 하지만 적어도 그러한 행위가 오랫동안 지속되어 왔고, 그 행위가 특정 개인의 잘못일 뿐 아니라 구조적인 것임을 인식해야 한다.

미국 유학을 가서 생경했던 것이 하나둘이 아니다. 그중에서도 프로 선수들이 격렬하게 경쟁하고 심판 판정에 항의도 하다가 경기가 끝나면 서로 부둥켜안고 축하하고 위로하는 장면은 내게 몹시 낯설었다. 경기 결과에 목숨 거는 한국에서는 보기 어려운 모습이었다. 1988년 서울올림픽에서 변정일 복싱선수가 결승전에서 지고 나서 판정에 불복해 경기장에서 시위를 했던 기억이 난다. 한국 언론들도 오심을 여러 차례 비판하며 그 선수를 두둔했다. 당시 한국에서는 프로야구 경기 중에도 감독이 심판 판정에 불복해 선수들을 퇴장시켜 경기를 중단시키는 경우가 다반사였다.

이제 우리도 변했다. 경기 결과에 목숨 걸지 않는다. 스포츠가 인권의 척도가 되었다. 행복하고 즐겁기 위해 하는 것이다. 결과를 위해 폭력을 행한다는 것은 본말이 전도된 것으로 기본에서 어긋난다. 체벌은 근절되어야 마땅하다.

뛰어난 선수를 양성하고자 하는 감독과 좋은 경기를 보고자 하는 관람객들의 마음이 선수들의 인권 존중으로 이어지는 사회구조가 형성되어야 한다. 그리고 이를 위해서는 다시 감독들과 관람객들의 행동과 가치관의 변화가 필요하다. 개인의 변화가 좋은 사회구조에 기여하고, 좋은 사회구조가 개인의 바람직한 행동을 이끌어내는 선순환의 시작을 기대한다.

노키즈존,
그곳에 아이의 의견은 없었다

_____ 1980년대 미국 유학 시절, 갓난아기 큰딸을 키울 때 아기를 베이비시터에게 맡기고 가끔 아내와 식당에 갔다.

그 식당은 아이의 입장을 금지했다. 아이들이 없으니 시끄럽지 않고 방해되는 일도 없이 즐겁게 식사를 즐길 수 있었다. 나는 '역시 선진국인 미국에는 이런 곳도 많구나'라고 생각했다. 아동에 대한 차별이라는 생각은 해본 적도 없었다.

당시 한국에서는 상상할 수 없는 일이었다. 아이들을 맡길 데도 없었을뿐더러, 아이들을 떼놓고 부모끼리 식당에 간다는 것은 부도덕한 일이었다.

긴 세월이 흐르고 2020년 한국에서 노키즈존에 대한 논쟁이 일었다. 그 해 개봉한 〈겨울왕국 2〉를 어린이뿐 아니라 어른들도 많이 관람했는데, 그러다 보니 다양한 연령대의 관객들 사이에 갈등이 생기기 쉬운 환경이 조성된 것이다. 어린이들의 출입이 금지되는 노키즈 상영관을 옹호하는 주장도 활발했던 한편, 몇몇 영화관은 어린이집과 협의해 '키즈 전용관'을 만들어 아이들이 편안한 분위기에서 영화를 볼 수 있도록 했다.

우리나라에는 400곳 이상의 노키즈존이 있다. 주로 음식점과 카페다. 2019년에는 제주도 어느 식당에서 출입을 제지당한 어린이가 쓴 일기가 SNS에 공유되면서 노키즈존이 아동에 대한 차별이라는 인식이 확산되기도 했다. 노키즈존 식당에 들어가지 못한 그 어린이는 영화 〈인생은 아름다워〉에서 유대인인 주인공의 아들이 "아빠, 왜 개와 유대인들은 가게에 들어갈 수 없어요?"라고 묻는 장면이 떠올랐다고 했다.

노키즈존 논쟁은 인권에 대한 논쟁으로 번졌다. 이제 한국은 1980년대의 미국보다 인권에 대한 논쟁이 더 활발한 나라가 되었다. 서로 의견이 다른 사람들이 인권을 앞에 내놓고 정당성에 대해 다툰다. 원칙을 놓고 서로 의견을 교환해서 타협점을 찾는 모습은 좀처럼 보기 어렵다. 특히 다른 갈등과 달리 인권에 대해서는 본인과 생각이 다르면 '나쁜 사람'이라는 낙인을 무의식적으로 찍은 상태로 논쟁에 임하기 때문에 타협이 더 어려워지기도 한다.

식당에서 아이의 입장을 금지하는 것이 아동권의 침해, 즉 아동을 차별하는 것인가? 아니면 식당에서 아이의 출입을 금지하지 못하도록 하는 조치가 식당의 영업자유권을 침해하는 것인가?

국가인권위원회는 상업시설 운영자들은 최대한의 이익창출을 추구하기 위해 헌법 제15조에 따른 영업의 자유가 보장되지만, 이 자유가 무제한 인정되는 것은 아니라고 했다. 특정 집단을 특정한 공간 또는 서비스 이용에서 배제하는 경우 합당한 사유가 인정되어야 한다는 것이다.

특히 몇몇 어린이나 보호자의 행동을 근거로 또래 아이들은 모두 그렇다는 식으로 일반화하는 것은 바람직하지 않기에 영업에 방해되는 구체적인 상황이 발생했을 때 사후적으로 이용제한 혹은 퇴장 조처를 하는 것이 인권적으로 바람직하다는 것이 국가인권위원회의 견해다.

사실 이러한 입장은 아동의 인권을 보호하고자 하는 활동가들에게도, 사업주에게도 만족스러운 답변은 아니다. 인권위는 모두의 권리를 고려하기 때문에 최대한 다양한 이해당사자들의 생각을 반영하려 노력했을 것이다.

게다가 인권위의 입장은 늘 권고사항이라는 점을 명심해야 한다. 법적인 강제력이 없다. 반대로 헌법의 보호를 받는 영업의 자유는 강제력이 있다. 우리 사회의 여러 구성원을 보호하기 위해 만들어진 규범과 권고들이 때때로 충돌한다. 영업의 자유가 보장되어야 한다는 점에서 보면 식당이 자율적으로 결정할 일이고, 아동의 인권 측면에서 보면 아동에 대한 차별이니 그렇게 해서는 안 된다는 얘기 같기도 하다.

최근에는 노키즈존이 아닌 '노 배드 페어런츠 존no bad parents zone'을 내세우는 카페와 음식점이 생기고 있다. 노키즈존과 달리 아이들도 입장할 수 있지만, 아이들이 소란을 일으키면 바로 주의를 주고, 두 번 이상 주의를 주어도 통제되지 않으면 퇴장을 요구하는 공간이다. 2016년 한 방송인이 노키즈존의 대안으로 '노 배드 페어런츠 존'을 제시한 이후 '아이가 아니라 부모가 문제'라는 사고가 확산되면서 생긴 공간이다. 아이들이 시끄럽게 해서 타인을 방해하는 행위는 아이들의 잘못이 아니라 부모들의 문제라 보고, 부모의 행동을 제약하려는 노력이다.

제도나 시스템을 만드는 것도 방법이다. 내가 1980년대에 아내와 둘이 데이트를 즐길 수 있었던 것은 베이비시터를 그때그때 부른 덕분이었다. 우리나라도 이제는 키즈카페나 놀이방 등 어린이를 위한 서비스가 제공돼 아이들도 마음껏 뛰어놀고 부모들도 잠시 여유를 가질 수 있다. 그러나 개인이 금전적 부담을 져야 하기에 모두에게 접근성 있는 서비스라 하기는 어렵다.

개인이 아닌 공공의 인프라로 이 문제를 해결할 수는 없을까? 유니세프는 지방자치단체와 협력해 도심에 거주하는 아동의 권리가 보호되는 '아동친화도시' 인증 시스템을 추진하고 있다. 아동친화도시란 아동을 위한 시설이 확보되고, 이에 대한 정기적인 실태가 보고되며, 아동 관련 정책을 시행할 때 아동의 목소리가 반영되는 도시를 말한다. 우리나라에는 약 68개 도시가 해당 인증을 받았으며 더 많은 도시가 인증을 추진 중이다.

그러나 한쪽에서는 놀이터 시설물이 안전규정에 부합하도록 관리하기가 부담스러워 오히려 놀이터를 없애는 일이 벌어지기도 한다. 인권의식이 높다고 인식되는 핀란드에서 일어나는 일이다. 저출산에 대한 사회적 우려가 커지는 와중에도 아이들은 점차 지역사회에 부담을 주는 존재로 여겨지고 있다.

유엔아동권리위원회Committee on the Rights of the Child, CRC는 2013년 일반논평으로 세계 곳곳에서 공공장소의 사업화가 진행되면서 아동에 대한 관용이 줄어들고 공동체나 공원, 쇼핑몰 등에 아동의 출입 제한조치가 시행되는 등 아동을 '문젯거리'로 인식하는 경향이 생겨나고 있다고 우려했다. 아동 배제는 아동이 시민으로서 성장하는 데 심각한 영향을 미친다고도 강조했다.

이러한 논평이 법적인 효력을 내는 것은 아니다. 우려를 표명하는 것이고 세계시민으로서 배려의 정신을 요청할 뿐이다. 그러나 이 뻔한 말에는 우리가 놓치고 있는 것이 있다. 어른들이 아동을 차별할 가능성에 대해 충분히 검토하고 대안을 마련한 다음에 노키즈존을 설치하는 것과, 본인들의 권리를 지키기 위해 스스로 목소리를 내기 어려운 아이들의 처지를 고려하지 않고 노키즈존을 만드는 것은 분명히 차이가 있다는 사실이다.

과연 어떻게 하는 것이 모두의 인권을 보장하는 길일까? 아이들에 대한 차별도 없애고, 매장 운영의 자유도 보장하고, 부모의 행복도 보장하는 방법이 있을까?

그런 것은 존재하지 않는다. 서로 처지를 이해하고 배려하며 방법을 찾아갈 수밖에 없다. 서로 반목하고 자신의 주장만이 인권을 위한 길이라 생각한다면 해답이 나오지 않는다. 소통하고 이해하고 공감하려는 노력이 필요하다. 특히 그 자리에 권리주체인 아이들의 목소리를 반드시 참여시켜야 한다.

서로 배려하지 않으면 누구에게도 자유는 보장되지 않기 때문이다.

표현의 자유와
혐오를 표현할 자유

_____ 졸저 《나는 감염되었다》를 쓰고 많은 인터뷰를 했다. 2020년 신종바이러스로 인한 초유의 팬데믹에 경황없던 와중에, 초기에 감염되었던 인권전문가가 책을 쓴 것이 화제가 되었다. 이 책에 대한 보도가 많이 나오면서 처음으로 대중의 많은 댓글과 마주하게 되었다. 좋은 글도 많았지만 참아내기 힘든 내용의 글도 적지 않았다.

"코로나 외국에서 가져와 놓고 뭔 자랑질?"
"제발… 썩어 문드러진 인권타령은 그만해라. 지겹고… 구역질 난다."

"인권? 감염병 앞에서 개나 줘버려."

"이분은 부탄에 가서 딱 한달 살다와야… 그래야 인권이 뭔지 공부 좀 하고 오세여"

"내가 누구야? 명문대 교수야. 감히 나를 몰라보고 코로나 걸렸다고 카드번호나 사진을 보내달라고 해? 아..! 기분 나쁘다 이거지? 쩐다 쩔어. 저놈의 꼰대의식"

"왠지 코로나 완치되면 다시 오만한 이전의 일상으로 돌아갈 사람일 듯. 나는 원래 잘난 사람이라고 왜 강조하는지…"

잠시 사람들 앞에 섰다가 본래 있던 자리로 돌아가면 되는 나에게 이토록 상처로 다가왔다면, 대중의 관심과 평판이 곧 생명인 연예인들은 이런 댓글에 얼마나 큰 상처를 받을지 뒤늦게 체감할 수 있었다.

몇 달 후 서울대학교에서 토크콘서트에 참석해달라는 연락이 왔다. 기숙사에서 확진자가 나오기 시작했고 학생들은 온라인 공간에서 무분별한 악성 댓글로 확진자를 나무라고 비하한다고 했다. 교내 분위기를 전환시킬 필요가 있어 '공감과 배려의 정신 키우기'라는 주제로 토크콘서트를 개최한다고 했다. 토크콘서트에는 코로나19에 감염되어 실제로 따돌림과 배제, 낙인의 경험을 한 교수, 직원, 학생들이 참석했다. 그중 한 학생은 혐오성 댓글과 교우들의 부정적인 시선이 너무 괴로워 심한 정신적 고통을 겪고 있었다. 행사에 참석하는 것도 망설일 정도였다.

그 학생은 주로 연구실에 있었고 접촉한 사람도 많지 않았다. 그런데도 학내 게시판에는 가짜뉴스가 만들어져 급속도로 퍼져나갔다. 학생과 접촉한 사람이 20명이라는 등 곧바로 유언비어가 돌더니 '코로나 시국에 생각 없이 돌아다니다 감염된 사람'이 되어버린 것이다. 사이버 폭력은 계속되었다.

"한 명이 이 시국에 다 퍼트리고 다닌 것."
"얼마나 개념 없이 놀고 다녔길래, 최초 감염자, 전파자."

확진자들은 코로나19 방역망을 무너뜨리고, 전 국민의 생명과 안전을 위협한 혐의를 지게 되었다. 그것만이 아니다. 학생들은 자신의 건강을 위해 확진자가 누구인지 알 권리를 주장하며 감염자의 신상을 파악하는 데 거리낌이 없었다. 이름도 공개되고 사진도 노출되었다.

행사 참석을 망설이던 학생은 결국 용기를 내 솔직한 얘기를 털어놓았다. 토크쇼를 계기로 더 심한 댓글과 혐오가 뒤따를지 모른다는 걱정을 했는데, 그런 일이 없었으면 한다. 얼마 후 그 학생에게 연락해 근황을 물으니 이제는 댓글을 보지 않고 자기 갈 길을 가고 있다고 했다.

자유롭게 자신의 견해와 사상을 표출할 수 있는 표현의 자유는 인간의 기본적 권리다. 민주주의는 표현의 자유를 억압하는 그 어떤 검열이나 제재도 원칙적으로 금지한다. 미국 독립전쟁과 프랑스 혁명을 거치면서 표현의 자유는 박탈할 수도 양도할 수도 없는 핵심적인 인권의 하나로 자리 잡았다. 세계인권선언은 19조에서 표현의 자유가 국경을 넘어서는 공통된 인권임을 천명하였다. 우리나라를 비롯해 자유민주주의를 표방하는 세계 여러 나라에서 표현의 자유는 헌법상 보장된 권리다.

그러나 표현의 자유가 기본권이라고 해서 무한정 보장되는 것은 아니다. 타인의 인격을 부당하게 모독하거나 명예를 훼손하는 행위는 법률로써 규제된다. 다만 어떤 것이 모독이고 어떤 것이 아닌지에 대해서는 논란이 있다. 코로나19에 감염된 확진자들에게 억수같이 쏟아지는 비방 댓글들은 과연 확진자에 대한 인격모독인지, 작성자들의 표현의 자유인지 분간하기 어렵다.

다만 분명한 것은 공공의 안전을 위협했다는 혐의만으로 확진자에게 코로나19 확산의 책임을 모두 귀속시키는 태도는 문제의 본질을 흐린다는 것이다. 비정상적이라는 혐의로 소수자를 대상화하고 타자화하던 혐오 표현이 팬데믹을 맞아 확진자에게 들러붙었음은 분명하다. 확진자들에게는 감염병의 고통보다 사회적 비난과 혐오로 말미암은 정신적 피해가 더 클 것이다. 더욱이 디지털 시대일수록 개인정보는 더욱 민감하게 다뤄져야 함에도, 정보 공개 범위 등의 기준이 명확하지 않은 틈을 타 민감한 개인정보가 지나치게 퍼져나갔다.

팬데믹이 정점을 지난 지금 우리에게는 정보인권 침해에 대한 국가의 보상체계와 개인정보를 처리하는 명확한 기준 마련 등이 숙제로 남았다. 코로나19는 우리에게 효과적인 방역대책 수립이라는 과제를 남겼다. 그에 못지않게 중대한 사안이 감염병 위기상황에서 낱낱이 밝혀진 우리 인권의 민낯인지도 모르겠다. 공공의 안전을 위해 우리가 간과한 여러 가지 인권 이슈들을 지혜롭게 풀어가지 못한다면 코로나19 팬데믹이 끝난다 해도 정보인권 침해가 당연시되고 조롱과 혐오가 뒤따르는 '인권 팬데믹'이 닥쳐올지 모른다.

전통매체가 일방향으로 정보를 전달하던 때에 비해 소셜미디어, 온라인 뉴스, 블로그 등 쌍방향적 소통이 가능한 시대에는 혐오 댓글이 더 심각한 문제가 된다. 디지털 기술로 혐오 표현이 쉽게 만들어지고, 쉽게 퍼진다. 그럴수록 우리는 자극적인 댓글에 무뎌져 간다.

온라인에서는 여러 사람의 표현이 더 쉽게 전달되어 진위 파악이 어렵다. 또한 익명성 때문에 오프라인이라면 차마 입에 담지 못할 표현들도 빈번히 오간다. 정보 확산 속도가 워낙 빠르고 범주도 넓기에 거짓 사실이나 혐오 표현이 문제가 되어도 이미 피해자의 삶에 막대한 영향을 미친 후에야 사과를 받을 수 있다.

이렇게 증폭된 혐오는 차별로 이어진다. 똑같은 말이라도 소수자를 대상으로 할 때는 그 피해가 회복 불가능한 수준으로 커지기도 한다. 범죄로 연결되는 예도 있다. 코로나19의 근원지가 중국이라는 이유로 미국 정치인들은 이를 "중국 바이러스", "쿵푸 바이러스"라고 부르며 아시아인 증오를 선동해 정치적으로 악용했다. 올림픽 스노보드 종목에서 금메달을 딴 한국계 미국인 클로이 킴Chloe Kim도 "중국으로 돌아가고 백인 팀원들의 메달을 그만 뺏어가"라는 메시지를 받았다. 미국 일부 지역에서는 '아시아인 뺨 때리기 챌린지'가 유행하고 아시아인을 겨냥한 총격이 벌어지며, 유럽에 사는 아시아인들이 코로나19가 아니라 혐오범죄가 두려워 집 밖에 나가지 못하는 상황이 벌어졌다.

혐오 표현으로 상처받고 차별받는 사람들이 없게 하려면 어떻게 해야 할까? 댓글을 규제하는 강경책이라도 꺼내야 할까?

혐오 표현 등을 규제로 해결하려는 발상은 위험하다. 혐오 표현 규제에 적극적인 유럽도 역사적, 사회적 맥락에 따라 특정 혐오 표현만을 협의를 거쳐 규제하고 있다. 어디까지가 혐오 표현인지에 대한 사회적 논의가 필요한 데다 충분한 합의를 만들어내기도 쉽지 않다.

오히려 섣불리 법 제도를 만들어 규제하다가는 사회적 분열을 부를 수 있다. 혐오 표현을 규제한다 해도 혐오의 뿌리인 감정과 악의는 해결되지 않고 살아남을 것이기 때문이다. 언뜻 강력한 규제로 문제가 해결된 듯 보여도 법규제가 작동하지 않는 극단적 상황에서는 언제든지 혐오가 규제를 뚫고 나올 것이다. 이것이 곧 혐오 표현이 혐오범죄가 되는 순간이며, 혐오 표현을 규제하는 국가에서도 혐오와의 싸움이 끝나지 않는 이유다.

무엇보다 표현의 자유를 제약할 수 있다는 점에서 혐오규제는 위험하다. 표현의 자유는 국민 기본권의 핵심이자 인권의 요체이므로, 혐오 문제를 해결하는 과정 또한 표현의 자유를 최대한 보호한다는 원칙과 관점에서 접근해야 한다. 헌법재판소 결정에도 표현의 자유에 대한 제재는 "중대한 공익의 실현을 위해, 불가피한 경우에 한해, 엄격한 요건 하에" 허용된다고 명시되어 있다. 혐오 댓글을 방지하고 안전한 온라인 환경을 만들자는 취지로 제안되는 인터넷 실명제는 2012년 재판관 전원일치로 위헌 결정을 받았다.

안 그래도 한국에서 표현의 자유는 여전히 꽃피우지 못한 상태다. 초중고등학생은 물론 성인인 대학생들도 교수 앞에서 자기 의견을 내놓고 얘기하는 데 여전히 부담을 느낀다. 장유유서, 어른 앞에서 공손함을 강조하는 문화는 학생들의 자유로운 의견 표명을 망설이게 한다. 게다가 어려서부터 정답 찾기를 학습하며 자란 터라 자기 의견이 정답이 아닐까 두려워 입을 열지 않는다. '가만있으면 중간은 간다'는 사고관이 주입된 우리는 타인과 토의하는 문화를 발전시키지 못했다. 그 역편향으로 인터넷의 익명성에 기대 타인에 대한 배려는 찾아볼 수 없는 혐오 댓글을 남기게 된 것이 아닐까.

타인의 존엄성을 해칠 때 표현의 자유는 인권침해가 될 수 있다. 하지만 표현의 자유가 인권을 지키는 데 중요한 역할을 한다는 것 또한 잊어서는 안 된다. 표현의 자유가 보장되어야만 인권침해가 일어날 때 이를 알리고 가해자에게 책임을 묻고 투명한 진상규명을 요구할 수 있다. 유엔인권위원회가 표현의 자유를 다른 모든 자유의 기본이 되는 인권이라 규정하는 이유다. 혐오 댓글을 근절한다는 이유로 우리에게 너무나 소중한 표현의 자유가 손상되어서는 안 된다.

오프라인 세상에서 표현의 자유가 보호되는 환경이 조성되고, 성숙한 토론 문화가 생겨 다양한 관점에 귀 기울일 수 있는 역량을 키울 때 온라인의 혐오 댓글이 없어질 것이다. 결국 혐오 댓글은 표현의 자유를 지켜야만 없어진다.

표현의 자유와
탈진실의 시대

_____ "김일성 총 맞아 사망."

1986년 11월 16일, 한 신문사의 뉴스 헤드라인이다. 명백한 오
보였다. 당시 오산 공군기지 미군 통신정보부대의 감청소가 북한
매체에서 "임은 가시고…"라는 발언과 무거운 분위기의 음악이 흘
러나오는 것을 듣고 김일성을 추모하는 것이라 오해해 일어난 해
프닝이었다. 김일성은 실제로는 1994년 7월 8일에 심장마비로 사
망했다.

허위 정보가 뉴스나 구설로 퍼져 사회에 피해를 끼치는 것은 디

지털 시대에만 있는 일이 아니다. 아마 언어가 사용되기 시작한 이후 사람들은 소통하는 과정에 고의적으로든 우발적으로든 거짓된 정보를 퍼트리곤 했을 것이다.

모든 공동체는 상호합의된 개념과 사실을 기반으로 소통과 협의를 하며, 이는 공동체의 존립에 핵심이 된다. 이 과정에서 언론은 공정하고 객관적인 사실을 공유하며, 공동체 내에서 진실을 판단하는 기준점을 자임해왔다. 그러한 이유로 언론은 '팩트fact' 즉 객관적 사실을 보도해야 한다는 본령을 거듭 강조한다.

그러나 현실은 그렇지 못하다. 한국언론진흥재단에서 2020년 언론 수용자를 대상으로 한 조사에서 한국 언론의 가장 큰 문제점으로 '허위·조작 정보(가짜뉴스)'가 1위로 꼽혔다(24.6%). 2위와 3위도 각각 '편파적 기사(22.3%)'와 '찌라시 정보(15.9%)'로 선정되어 언론의 허위정보 및 조작정보 문제가 심각하다는 응답이 절반을 넘었다.

언론이 사실 보도의 기능을 제대로 수행하지 못한다면 우리는 무엇을 객관적 사실로 믿어야 할까?

전통적 사회에서 언론과 언론인은 소수에 불과했으나 오늘날은 정보기술의 발달로 언론을 표방하는 수많은 미디어가 범람하고 있다. 일방향으로 내용을 전달하던 대중매체는 과거의 유산이라 하여 '레거시 미디어legacy media'라 불린다. 이제는 누구나 불특정 다수에게 정보를 제공할 수 있다. 유튜버를 비롯한 여러 영향력 있는 누리꾼이 생겨나면서 언론의 역할과 기능은 더 이상 전통적 언론만의 전유물이 아니게 되었다.

문제는 이러한 변화과정에서 언론에 부과된 사회적 책임은 증발되고, 바야흐로 '표현의 자유 과잉 시대'가 도래했다는 점이다.

김일성 사망 오보에 대해 당시 '가짜뉴스'라는 표현을 쓰지는 않았다. 한국언론진흥재단에서 제공하는 가짜뉴스의 정의는 "내용이 거짓됨을 뜻하는 허위성, 타인을 속여 정치경제적 이익을 취득하려는 것을 의미하는 의도성, 또한 타 매체가 아닌 전통적 뉴스를 통해 전달됨을 의미하는 양식성을 갖춘 것"이다.[7] 좁은 의미의 가짜뉴스는 정치경제적 목적으로 허위사실을 뉴스 형태로 퍼뜨리는 정보를 의미하나, 넓은 의미에서는 오보나 날조, 거짓 정보, 루머·유언비어, 패러디·풍자 등을 두루 포함한다.

2016년 미국 대선 때 트럼프와 힐러리 클린턴 등의 정치인들이 이 단어를 사용하기 시작하면서 가짜뉴스라는 표현이 일반인에게도 익숙한 용어가 되었다. 2017년에 트럼프는 CNN 기자가 본인에게 호의적이지 않자 "당신은 가짜뉴스야You're fake news"라는 말을 하기도 했다. 본인 마음에 들지 않는 기자, 신문사, 정보를 가짜뉴스라 치부하고 무시하는 정치인들이 미국 정계에만 있는 것은 아닐 테다. 가짜뉴스가 무엇인지에 대한 사회적 합의가 명확하지 않은 상황에서는 가짜뉴스라는 표현이 본인과 반대되는 의견을 묵살하기 위한 편리한 방패로 사용되는 것 같다.

과거에도 있었던 가짜뉴스가 오늘날 폭발한 것은 신기술의 발전과 밀접한 연관이 있다. 블로그와 유튜브 등 대중의 정치적, 사회적 취향을 겨냥한 발 빠른 1인 미디어 플랫폼이 생기면서 누구든 정보를 퍼트리고 타인의 사고에 영향력을 행사할 수 있는 시대가 도래했다. 정보를 퍼트리는 이들은 타인의 정치적, 사회적 가치관을 변화시킬 수 있다는 추상적인 이익과 함께, 본인의 글이나 동영상을 구독하는 사람이 늘어남으로써 경제적 이득도 취할 수 있다.

정보를 받아들이는 쪽은 어떤가. 사람들은 자극적인 소식, 자신의 생각을 지지해주는 소식을 더 선호한다. 설령 그게 편향된 것이라도 말이다. 그 결과 쟁점에 대해 양측의 입장을 모두 반영한 중립적인 기사를 쓰거나 진위 판별을 위해 특종을 늦게 보도하는 미디어 매체는 뒤로 밀려나고 있다. 정보의 정확성과 질이 아닌 스피드와 편향성으로 승부를 봐야 하는 시스템이 만들어진 것이다. 설령 그게 가짜라 하더라도 말이다.

최근에는 사진이나 동영상을 위조하는 기술도 생겨, 근거를 바탕으로 사실을 파악하기가 점점 어려워지고 있다. 2020년 크리스마스에 영국 언론사 BBC에는 엘리자베스 2세가 소셜미디어에서 유행하는 춤을 추며 우리가 듣고 보는 것을 무조건 믿으면 안 된다고 경고하는 동영상이 올라왔다. 정말로 영국 여왕이 춤을 춘 것이 아니라 신기술을 통해 진짜 같은 거짓 영상을 제작해 왕실에서 배포한 것이다. 실제와 구분할 수 없을 만큼 정교한 허위 사진과 동영상을 만드는 딥페이크deepfake 첨단기술의 부상에 유의해야 한다는 메시지였다.

거짓 정보를 퍼트리는 방법 또한 점점 정교해지고 빨라졌다. 최근에는 사람이 소유한 계정이 아닌 컴퓨터 알고리즘이 운영하는 '봇' 계정으로 정보가 빠르게 공유되고 있다. 봇 계정은 주로 기업 상품을 홍보하는 데 쓰이지만 관리자가 원하는 가짜뉴스를 퍼트리는 데 사용될 수도 있다. 가령 특정 정당 후보자에 대한 여론이 좋아 보이도록 댓글을 조작하거나 '좋아요' 수를 인위적으로 늘리기도 한다. 봇 계정과 사람 사용자의 계정을 구분하기도 쉽지 않은 데다 설령 봇 계정을 불법화한다 해도 국경 없는 소셜미디어의 특성상 규제 효과는 크지 않을 확률이 높다.

신기술의 힘을 얻어 '진짜 같은 가짜'가 범람하는 시대에 진실을 식별하기란 쉽지 않은 일이 되었다. 허위·조작 정보가 난립하는 가운데 많은 이들이 객관적 사실을 탐색하는 수고를 포기하고 직관적인 믿음에 근거하기 시작했다. 믿고 싶은 대로 믿는 '탈진실post-truth'의 시대가 도래한 것이다. 2016년 옥스퍼드 영어사전이 'post-truth'를 '올해의 국제적 단어'로 선정한 데서 알 수 있듯 이는 결코 일시적이거나 일부 국가에 국한된 현상이 아니다. 오늘날은 사실의 진위보다 개인의 신념과 감정에 성공적으로 호소할 수 있는지가 권위의 근원이 되었다. 더 선정적이고 그럴듯한 가짜를 찾아 '가짜' 진실을 주조하는 힘이 탈진실 시대의 '여론'을 형성하고 있다.

특히 코로나19 팬데믹은 탈진실 현상을 더욱 가속화했다. 미증유의 팬데믹에 대한 가짜뉴스가 폭발적으로 쏟아졌고 경제적, 사회적 불안은 이를 증폭시켰다. 다양한 음모론이 공포와 불신을 부채질했고, 객관적 사실보다 선정적 선동이 힘을 얻었다.

이에 대해 어떻게 대응해야 할까? 거짓된 정보를 퍼트리는 사람들을 처벌한다고 해결될 일일까? 이 또한 표현의 자유이니 자정작용을 기대하며 지켜볼 것인가?

유엔 의사·표현의 자유 특별보고관인 이레네 칸Irene Khan은 거짓 정보 유포를 처벌하는 법안들이 정부에 과도한 재량권을 주어

표현의 자유를 제한하는 편파적인 해석으로 이어질 수 있다고 지적했다. 그는 처벌 법안의 대안으로 온라인 매체 환경에 대한 시민의식을 높이는 교육과 함께 사실 확인 시스템fact-checking 도입을 제시했다.[8]

실제로 여러 국내외 언론사와 소셜미디어 사이트가 사실 확인 시스템을 도입하고 있다. 페이스북은 2017년부터 독일에서 사실 확인 시스템 실험을 시작했다. 사용자들이 가짜뉴스라고 판단되는 글을 신고하면 국제사실확인네트워크International Fact-Checking Network라는 단체에서 이를 검토하고, 가짜뉴스로 판별되면 해당 글에 '신뢰할 수 없음Untrustworthy'이라는 표기를 하게 된다. 트위터도 유사한 시스템이 있다. 트럼프 전 대통령이 코로나19 확산 국면의 우편투표는 부정행위로 이어질 것이라는 글을 반복적으로 올리자 트위터는 우편투표에 대한 전문가의 긍정적인 견해를 실은 기사 링크를 글 하단에 표기했다.[9]

그러나 딥페이크를 비롯한 인공지능 알고리즘 기반 기술까지 동원되는 가짜들을 모두 검증하기란 실질적으로 가능하지 않다. 이를 지속적으로 모니터링하고 법을 집행할 기관을 어떻게 마련한단 말인가. 설령 가짜뉴스를 법으로 규제할 수 있다 해도 표현의 자유와 어떻게 조율하여 공생의 묘를 발휘할 수 있을지도 미지수다. 충분한 근거와 자료를 바탕으로 정보를 분석하기 전까지는 사실과 거짓의 판별이 쉽지 않다. 거짓이라 생각된 정보가 시간이 지나 사실로 드러날 수도 있다. 규제에 기대기보다는 인터넷을 활용하는 개개인의 시민의식과 디지털 문해력을 키우는 데 더욱 집중하고, 시민사회와 함께 해결방안을 모색해야 한다.

가짜뉴스를 부추기는 선전 선동은 많은 경우 사회적 소수자에 대한 혐오를 바탕으로 한다. 허위·조작 정보에 많은 대중이 마음을 뺏기는 까닭은 대부분의 가짜뉴스가 모든 문제의 원인을 타자와 경계에 편리하게 전가하기 때문이다. 이러한 투사적 혐오는 탈진실 시대의 그럴싸한 외피를 두르고 진실을 압도한다. 소수자일수록 더욱 가짜뉴스의 피해를 입기 쉽다는 것, 가짜뉴스와 탈진실로 대표되는 오늘날 우리가 다시 한 번 인간의 권리를 상기해야 할 이유다.

소셜미디어에서 당신과 나는
더 잘 만나는가?

_____ 1960~70년대까지 우리나라에는 중학교와 고등학교에도 입학시험이 있었다. 지금도 일부 비평준화지역이 있고 특목고 등 입시 준비를 열심히 해야 하는 경우가 있는데, 이것이 과거에는 모든 학생들의 숙명과도 같았다. 초등학교 때 공부를 열심히 해서 좋은 중학교에 입학한 다음 일류 고등학교를 거쳐 일류대학에 진학하는 것이 성공 보장의 길처럼 여겨졌다. '국6병'이라는 말이 생길 정도로 초등학교(당시 국민학교) 6학년 학생들은 치열한 중등입시에 시달려야 했다.

내가 초등학교에 다니던 때 중학교 입시가 없어졌고, 중학교에 다닐 때 서울 등 대부분의 지역에서 고등학교 입시가 폐지되었다. 이른바 고교평준화 정책이 시행된 것이다. 초등학교는 그래도 일류 사립학교가 있었고 같은 동네에서 비슷한 환경의 아이들이 모여 공부를 했지만, 중학교부터는 완전 평준화가 자리 잡았다.

나는 초등학교를 졸업하고 무작위로 배정받은 중학교에 진학했다. 같은 초등학교 출신의 친구는 거의 없었고 아주 다양한 학생들과 새롭게 어울리게 되었다. 공부 잘하는 학생부터 예체능에 관심 있는 학생들까지, 가정환경도 사는 동네도 모두 다른 다양한 학생들이 모였다.

일류 중고등학교를 나온 사람들은 고교평준화로 학교의 명성이 사라진 것을 아쉬워했고, 또 편차가 심한 학생 구성 때문에 교육이 제대로 이루어질 수 없다고 비판했다. 하지만 나의 중학교 시절은 매우 값진 경험이었다. 만약 비슷한 환경과 실력을 갖춘 학생들만 모인 학교에 갔더라면 다른 환경에서 자란 친구들을 한 번도 접해보지 못했을 것이기 때문이다. 한국의 중고등학교 평준화 정책은 그때나 지금이나 논란거리이고 장단점도 있겠으나, 다양한 친구들을 만나서 어울릴 수 있다는 것은 분명 장점이다.

사람들은 사실 끼리끼리 살아간다. 실생활에서도 가족은 물론

이거니와 비슷한 환경에서 자라 어느 정도 유사한 가치관을 공유하는 친구들과 일상을 함께한다. 물론 비슷한 환경에서 자라도 가치관이 다를 수 있지만, 유사한 경험을 가진 만큼 사고방식이 크게 다르지 않을 확률이 높다. 다른 환경에 있는 사람들과 많이 만나면서 살기는 쉽지 않다. 5000만이 살아가는 대한민국에서 우리가 만나는 사람이 몇 명이나 되겠는가.

경험이 판이한 이들이 서로의 입장을 얼마나 이해할 수 있을까. 지구촌이 하나이고 우리 모두 글로벌 시민이라 말하는 시대이지만, 실제 우리는 다른 나라에 있는 사람을 얼마나 만나고 이해하면서 사는가.

인터넷이 발달하고 소셜미디어가 대중화되면서 사람들은 지리적으로 멀지 않은 곳에서 유사한 환경과 경험을 공유하는 끼리끼리 행태를 벗어나 다양한 사람들과 소통하게 되리라 기대했다. 실제로 인터넷을 통해 국경을 넘어 다양한 사람들을 만나는 것이 가능해졌다. 경계를 넘어 소통함으로써 편향된 사고를 탈피하고 더욱 민주화된 사회를 이끌 것이라 기대했다. 그런 기대가 현실화됐을까?

소셜미디어의 확산이 그런 기대를 충족했다고 보기는 어렵다. 오히려 이른바 '에코 체임버echo chamber'라 부르는 현상이 강화되고 있다. 에코 체임버란 다른 의견을 가진 사람과 교류하며 사고를 확장하기보다는 자기 생각에 동조하는 이들 사이에서 본인의 생각을 더욱 강화하는, 일상의 메아리를 의미한다.

소셜미디어에서 우리는 마음에 드는 글에 '좋아요'를 누르고 관심 가거나 존경하는 사람들의 계정을 팔로우한다. 마음에 들지 않는 글을 올리는 사람과는 팔로우를 끊거나 '숨기기' 설정을 해 글이 보이지 않게 할 수도 있다. 동의하지 않는 생각을 차단하기가 쉬워졌다. 그럴수록 우리는 같은 생각을 하는 사람들과 더 많이 소통하게 된다.

한발 나아가 소셜미디어 알고리즘은 사용자들의 '좋아요' 기록과 친구 정보를 수집해 우리의 정치적, 종교적 성향 등을 분석하고 우리가 좋아할 만한 글만 추천해준다. 마음에 들지 않는 글을 보여줘 사용자의 심기를 거스르기보다는 사용자의 생각에 동조하는 글을 더 많이 노출해 기분 좋은 경험을 주는 것이 이익에 부합하기 때문이다.

이처럼 소셜미디어 세상에서 우리는 온통 예스맨에 둘러싸여 있다. 예의를 차리기 위해서라도 동의하지 않는 말을 끝까지 듣게 되는 현실 세계와 달리 온라인 공간에서는 거리 두기도 쉬운 데다 알고리즘까지 우리를 돕는다.

이게 큰 문제냐고 반문할지도 모르겠다. 얼핏 보기에는 에코 체임버가 소셜미디어를 조금 더 즐겁게 사용하게 해주는 무해한 현상으로 보일 수도 있다. 하지만 이는 현실 세계에 부정적인 영향을 미치게 된다.

2021년 조 바이든이 미국 대통령 선거에 승리하자 많은 트럼프 지지자들이 분노했다. 급기야 극단적인 지지자들은 바이든 대통령의 당선을 공식화하는 날, 미국 의회 건물을 점령하고 경찰과 대치하는 등 폭력 시위를 주도하기에 이르렀다. 미국처럼 오랜 민주주의 전통을 가진 국가에서 상상하기 쉽지 않은 사태다.

이 사태의 배후에는 에코 체임버가 큰 영향을 미쳤다. 바이든의 당선이 조작된 투표의 결과이며 사기라는 음모론이 당시 트럼프 지지자들 사이에 소셜미디어를 타고 퍼져나갔다. 극단적 지지자들은 서로 소셜미디어 친구를 맺고 커뮤니티를 형성했을 것이다. 서로의 글에 '좋아요'를 누르고 댓글을 달았을 것이다. 소셜미디어 알고리즘은 이들의 글을 민주당 지지자들에게는 노출하지 않았을 것이다. 본인의 생각에 누구도 반박하지 않는 에코 체임버 속에서 극단적인 트럼프 지지자들은 음모론을 확신했을 것이고, 이들의 편향된 사고는 결국 현실 세계에서 미국 의회를 공격하는 행동으로 이어졌다.

소셜미디어에서 왜곡되고 편향된 정보는 극단적인 생각을 불러

일으킨다. 개인별 맞춤 콘텐츠를 반복해서 보면서 사용자들은 자기 생각을 더욱 확신하게 되고, 반대되는 생각을 가진 사용자들과는 연결될 기회 자체가 줄어든다. 그럴수록 사람들은 가치관에 따라 점차 양극화되며, 서로 간의 소통은 온라인이든 오프라인이든 더욱 어려워진다.

알고리즘으로 형성된 에코 체임버가 위험한 더 큰 이유는 알고리즘의 개미지옥이 얼마나 편향된 것인지를 정작 사용자는 식별하기가 어렵다는 것이다. 사람들은 하루에 몇 번씩 소셜미디어에 접속하면서도 자신이 편향된 정보만 접하고 있다고 생각하지는 않을 것이다. 그저 마음에 들지 않는 의견을 굳이 찾아 읽거나 토론하려 하지 않을 뿐이다. 사용자 입장에서는 주어진 정보를 가지고 합리적으로 판단한다고 생각하지만, 사실은 제한된 정보를 바탕으로 편향된 사고를 하고, 때로는 비합리적인 행동까지 하게 되는 것이다.

에코 체임버, 예스맨들의 세계에서 어떻게 탈피할 수 있을까? 신기술이 야기할 수 있는 부작용과 위험을 효과적으로 규제하는 방안을 모색하기 위한 사회적 합의가 필요한 상황이다. 유럽연합에서는 개인정보보호규정General Data Protection Regulation, GDPR을 2018년 발효하였다. 개인이 인공지능 등에 의한 자동 프로파일링을 거부할 권리와 자신에 관한 정보를 제공받고 열람할 수 있는 권리, 해당 정보를 정정하거나 삭제를 요청할 권리에 관한 규정이 담겨 있다. 특히 온라인 투명성 강화를 위해 '알고리즘의 주요 매개변수를 공개하고 이해관계자가 이에 대한 설명을 들을 권리'를 명시적으로 제시했다.

특히 알고리즘에 의한 의사결정이 실제로 적용될 경우, 이를 이해하고 필요할 경우 항의할 권리가 보장되어야 한다. 2019년 OECD는 '인공지능 이사회 권고안OECD Council Recommendation on AI'을 채택하면서 인공지능의 투명성과 설명가능성transparency and explainability을 강조했다. 인공지능 개발자 및 운영자는 인공지능에 기반한 의사결정을 이해하고 평가할 수 있도록 인공지능 시스템에 대한 투명성을 보장하고 합리적인 설명을 할 의무가 있다는 것이다. 인공지능 알고리즘을 활용하는 기업들 중 상당수는 여전히 영업상 기밀이라며 이 의무를 회피하지만, 인공지능 의사결정이 개인에게 미치는 영향이 점점 커지는 만큼 이에 걸맞은 책임이 기업에 요구된다.

하지만 법을 만드는 것이 만병통치약이 될 수는 없다. 알고리즘은 법망을 벗어나 우리를 유혹할 새로운 방법을 계속해서 찾아낼 것이기 때문이다. 알고리즘의 교묘한 예스맨에서 벗어나는 궁극적인 방법은 우리 스스로 더 다양한 사람들의 의견을 접하고 교류하며 생각을 확장해나가는 것뿐이다. 기사 하나를 읽을 때에도 선호하는 프로그램이나 콘텐츠만 접할 것이 아니라 자기 생각과 상반되는 콘텐츠를 의식적으로 찾아보는 노력이 필요하다. 그러지 않는 한 에코 체임버를 탈피하기는 쉽지 않아 보인다.

일기장을 읽을 권리

_____ 어느 동료 교수로부터 재미난 얘기를 들었다. 자기가 어려서 쓴 일기를 어머니께서 하나씩 당신의 블로그에 올린다는 것이다. 어머니는 잘 쓴 딸의 일기장이 자랑스러웠을 것이다. 딸의 글을 친구들과 나누어 보고 싶었을 것이다. 그것이 사생활 침해일 수도 있다는 생각은 못 하셨을 것이다.

내가 어린아이라 가정하고, 나의 일기장을 엄마가 늘 읽어본다고 상상해보자. 너무 어려서 그것이 잘못된 것임을 판단하지 못하는 나이라고 생각해보자. 아이는 엄마가 일기장 보는 걸 당연하게 생각할 것이고, 그 가정하에 일기를 쓸 것이다. 내 생각과 감정을 솔직히 쓸 수 있을까? 엄마 때문에 기분 나빴던 날에 진솔하게 심정을 털어놓을 수 있을까?

내가 초등학생이던 시절에는 학교에서 일기장 검사를 했다. 학생들이 일기를 매일 쓰는지 선생님이 확인하는 것이다. 잘 쓴 일기에는 별표를 해주셨다. 그런 환경에서 선생님에게 불만을 토로하는 일기를 쓸 수 있을까. 나의 일기장 내용은 솔직한 심정이 아니라 선생님을 만족하게 해주는 것이었다. 덕분에 별표를 많이 받았다.

대한민국 헌법 제17조는 "모든 국민은 사생활의 비밀과 자유를 침해받지 아니한다"라고 명시하고 있다. 국가법령정보센터에서 논의되는 사생활권은 "사생활을 자유롭게 형성해 나가고 그 설계 및 내용에 대해 외부로부터 간섭을 받지 않을 권리"를 말한다. 사생활권은 한 사람이 타인으로부터 구분되는 독립적인 인격을 형성하는 데 중요하며 개인의 감정, 양심 그리고 내면을 보호하기 위해 필수적이다. 이를 위해 국가안전이나 공공질서 유지를 위한 목적 외에는 국가가 개인의 사생활 영역을 관찰하지 못하도록 제한하고 있다.

아이들의 일기장을 부모님과 선생님이 애정 어린 눈으로 보는 것에 사생활권이라는 무거운 단어를 들이대는 데 거부감을 느낄 수도 있다. 그렇다면 아이들이 공부하는지 지켜보는 감시카메라는 어떤가? 중국의 한 IT기업이 출시한 '스마트램프'는 아이의 자세가 흐트러지거나 책상을 벗어나면 부모에게 알림과 사진을 보낸다. 우리나라에서도 자녀의 위치, 사이트 방문 기록, 메시지 명세를 부모에게 실시간 전송하는 애플리케이션이 인기를 끌었다. 이러한 애플리케이션이 아동의 사생활권을 침해한다는 청와대 국민청원이 올라오기도 했으니, 아이들에 대한 감시가 그만큼 심각하다는 것을 짐작하게 한다.

흔히 사생활 침해 우려가 제기되면 '나쁜 일을 안 하면 되잖아'라는 반박이 나오곤 한다. 부모님의 감시를 받아도 떳떳한 아이들에게는 사생활 보호가 중요하지 않다는 것일까? 큰 착각이다.

사생활권이란 본인의 정보를 공개할지 말지에 대한 결정을 스스로 내릴 수 있는 권리다. 아이들은 자라서 청소년, 성인이 된다. 언젠가 주체적인 결정을 내리고 독립적인 인격을 형성해야 하며, 그러려면 어릴 때부터 연습이 필요하다. 나이에 걸맞은 생각과 행동의 자유가 보장되어야 하는 것이다. 설령 실수나 부주의로 이어져도 괜찮다. 실수나 부주의가 치명적인 영향을 미칠 수 있는 어른이 되었을 때, 지난날의 경험을 바탕으로 합리적인 결정을 스스로 내릴 수 있을 것이다.

'아이는 믿지만 사회가 위험하니 감시가 필요하다'는 의견도 있다. 하지만 부모의 감시를 끝없이 받는 아이가 정말 위험한 순간이 왔을 때 부모에게 속내를 털어놓고 도움을 요청할까? 부모에 대한 믿음이 그만큼 있을까?

사생활권 침해는 비단 아이만의 문제가 아니다. 어른들도 사생활권을 위협받을 수 있다.

기본적으로 사생활권과 가장 크게 충돌하는 권리 중 하나는 알 권리다. 민주주의 사회에서 사생활권과 알 권리는 모두 중요하다. 알 권리는 언론의 자유를 보장하고 질적으로 높은 정보가 사회에 순환되어 시민들이 주체적인 결정을 내릴 수 있도록 돕는다. 사생활권도 마찬가지다. 표현의 자유, 집회결사의 자유, 사상의 자유 등 주요 자유권은 사생활권이 보장되지 않고서는 얻어내기 어렵다. 사생활 보호는 자유의 핵심이다. 권위주의 정부가 개인을 철저히 감시하던 시절, 우리는 하고 싶은 말도, 반정부 시위도, 불온한 생각도 감히 할 수 없었다. 사생활 없는 자유는 없다.

최근에는 사생활권 중에서도 '잊힐 권리'에 대한 논의가 활발하다. 디지털이 우리 일상에 스며들면서 각종 면접에서 기업과 학교가 지원자의 페이스북, 인스타그램, 블로그를 검색해 과거의 행적을 살펴보는 경우가 많아졌다. 어릴 때 별생각 없이 올린 글이 미래의 나에게 온 기회를 앗아갈 수도 있게 된 것이다. 이러한 정보가 인터넷에서 완벽히 삭제될 수 있도록 법적으로 보장해야 한다는 것이 '잊힐 권리'다.

그러나 반대 의견도 있다. 잊힐 권리가 자칫 과거의 만행이나 감시되어야 할 정보를 숨길 목적으로 오용될 수 있기 때문이다. 특히 권력층이 남용할 가능성이 크다. 아울러 인터넷이라는 열린 장소에 올린 정보는 기본적으로 대중에게 제공하기 위한 것인데 이 기본 취지에 어긋난다는 주장도 있다.

사생활권과 알 권리는 어느 한쪽이 반드시 우선하지 않기 때문에, 구체적이고 개별적인 맥락에 따라 현명한 판단이 필요하다. 법원에서는 사생활권을 보호함으로써 얻을 수 있는 사회적 이익과 언론의 자유를 보장함으로써 얻는 사회적 이익을 비교하며 상황에 따라 어떤 권리가 더 중요한지 판단을 내린다.

사회적 이익에 포함된 공익과 국가안전은 두말할 필요 없이 매우 중요한 가치들이다. 그렇지만 과연 공공의 이익을 정의하는 주체는 누구인지, 이 정의에 대한 사회적 합의가 사전에 이루어졌는지 또한 중요하다. 조지 오웰은 1949년에 출간한 소설 《1984》에서 시민들을 통제하기 위해 언어, 역사, 과학기술 등을 전면적으로 이용하는 독재정권하의 삶을 묘사했다. 정부에 대한 비판과 개혁 정신은 말살되고, 사랑과 우정에서 삶의 의미를 찾으려는 주인공은 연인과 친구에게마저 진솔한 얘기를 하기 두려워한다. 감시될지 모른다는 가능성만으로도 인간은 위축되고 복종하게 된다.

영국의 철학자 벤담은 중앙의 감시탑에서 모든 죄수를 감시할 수 있는 원형감옥인 '파놉티콘Panopticon'을 구상했다. 감시자의 시선이 어디로 향하는지 볼 수 없는 구조여서 죄수들이 늘 감시받고 있다고 생각하며 자기 행동을 검열하는 것이 이 감옥의 특징이다. 우리도 지금 파놉티콘에 살고 있는 건 아닌지 되묻게 된다. 인터넷에 퍼져 있는 내 정보가 언제 발견되고 내 이익에 어떻게 반反하여 사용될지 모른다. 이러한 상황에서는 블로그에 올리는 글, 친구에게 보내는 메시지, 누군가의 게시물에 다는 댓글 하나하나에 자기검열을 하게 되는 게 당연하지 않겠는가. '나쁜 행동과 생각을 하지 않으면 돼. 숨길 게 있는 사람만 걱정될걸. 나는 문제없어'라고 생각해도 되는 시대는 지났다. 언제든, 어디서든, 아이든 어른이든, 오프라인과 온라인 모두에서 인격 형성의 기반이 되는 사생활권이 위험에 처해 있다.

디지털 혁명으로 촉발된 정보화 세계가 가져다준 편익은 그야말로 유비쿼터스Ubiquitous다. 지리적 한계를 가뿐히 뛰어넘어 세계 모든 곳의 모든 이에게 정보의 세상을 열어주었다. 한편으로 이는 전 세계 구석구석의 은밀한 정보까지 국경을 넘어 유통되고 축적된 결과다. 나의 은밀한 개인정보도 디지털 편익의 일부고, 누구도 정보의 바다에서 자유로울 수 없다. 인터넷이 전 세계를 연결해 자유로운 소통을 가능케 함으로써 정치 참여를 확대하고 민주주의의 위기를 극복할 수 있었다는 의견도 있지만, 헌법상의 기본적 인권인 개인정보 자기결정권과 관련된 '잊힐 권리'를 충분히 보장하지 못하는 한계도 분명하다.

디지털 혁명으로 경험하게 된 개인정보 자기결정권 침해는 과거 어느 사회에서도 경험하지 못한 것이다. 그런 만큼 변화된 맥락과 환경에 부합하는 '신기술 시대의 인권'을 논의하고, 자유의 보호 또는 자유의 제약을 통해 얻는 이익 중 무엇이 더 큰지 신중히 교량할 필요가 있다. 오랜 시간 '알 권리'는 민주주의를 지탱하는 기둥으로 그 절대성을 인정받았다. 그러나 어떤 권리도 상황과 시대를 초월하여 절대적인 것은 없다.

공정한 차별은
가능한가?

———— 나는 서울대학교를 나왔다. 그리고 이 사실은 내 운명을 좌우해왔다. 덕분에 남들만큼 애쓰지 않고도 얻을 수 있는 것이 많았고, 많은 기회의 문이 열렸다. 세칭 명문대를 나왔다는 이유에서였다.

내게 많은 기회를 준 그 학교에 들어간 것이 오로지 내 능력 때문이었을까. 능력이 없었다고 할 수는 없지만, 많은 우연과 운이 아니었으면 가능하지 않았을 것이다. 흔히 '운칠기삼運七技三'이라 한다. 어떤 일이 성공하는 데에는 운이 7할이고 기술이 3할 작용한다는 뜻이니, 기술보다 운이 더 중요하다는 것이다. 심지어 '운구

기일運九技一'이라 하는 사람도 있다. 성공한 사람들은 물론 실력도 있겠지만, 운이 따르지 않았다면 성공할 수 있었겠는가.

내가 이 사실, 즉 나의 능력보다 운이 더 크게 작용했다는 것을 깨닫는 데는 시간이 걸렸다.

스포츠와 음악, 미술을 잘하는 능력은 타고난다. 유명한 축구선수나 피겨 선수의 피나는 노력을 부정하지 않는 동시에, 그들만큼 열심히 훈련한다 해도 누구나 똑같은 성과를 거두지는 못하리라는 인식이 보편적이다. 타고난 재능도 중요하고 노력도 중요하고, 나아가 경기가 펼쳐지는 그날의 운도 중요하다는 것을 모두가 인정한다.

그런데 유독 공부만큼은 운기칠삼이 아닌, 노력하면 성공할 수 있다는 생각이 뿌리 깊다. 그러기에 공부에 두각을 보이지 않는 아이에게도 공부를 시키고 좋은 대학 가기를 강요하는 부모가 여전히 많다. 알다시피 공부를 잘하고 못하는 것도 타고난 부분이 많고, 공부를 잘하는 데에는 '환경'이라는 운도 중요한데 말이다.

타고난 재능으로 두각을 나타내고 실력을 발휘하는 것은 좋은 일이다. 특별한 공부 재주가 있고, 여기에 더해 부모를 잘 만나고, 좋은 환경에서 자라고, 운이 좋고, 기회를 열심히 살리고… 이런 것들을 바탕으로 뛰어난 학업 성과를 내는 게 문제는 아니다. 다만 본인의 성공이 운이 아니라 온전히 자신의 능력과 노력 덕분이라는 생각은 문제가 된다. 이러한 태도가 능력주의 시스템에서 승자독식 사회를 정당화하기 때문이다.

본인의 능력과 노력만으로 성공했다고 여기는 사람은 비정규직 근무자의 고충, 폐교 위기에 처한 학교에 다니는 학생들의 어려움, 최저 주거기준에 미치지 못하는 지하나 옥탑방 등에 거주하는 사람들의 열악한 사정을 '노력하지 않은 개인'이 응당 겪는 문제로 치부하기 쉽다. 자신은 능력과 노력으로 성공을 이루었는데, 그렇지 않은 이들에게까지 혜택이 돌아갈 때 공정하지 않다고, 자신의 인권이 침해당한다고 여기기도 한다. 능력에 따라, 결과에 따라 차별적으로 보상하는 것이 공정이라고 말한다.

그러나 현실은 어떤가. 개인의 노력만으로 좋은 대학과 직장에 가기는 점점 어려워지고 있다. 오늘날은 세습자본주의 사회라 해도 할 말이 없을 만큼 신분 상승의 기회, 계층 전환의 사다리가 대부분 사라졌다. 부자는 계속 부자이고, 가난한 사람은 가난을 대물림한다. 겉으로는 여전히 시험이 가난의 세습을 끊는 사다리로 보이고, '개인이 노력만 한다면' 정규직도 가능한 것처럼 보인다. 하지만 한국의 부자 10명 가운데 6명은 상속형 부자다. 즉 본인의 능력보다 가족에게 물려받은 재산으로 부유한 삶을 누리는 사람이 더 많다. 또한 서울대학교 학생 40%가 서울 강남 3구 출신이라는 사실이 말해주듯, 공부에 집중할 수 있는 환경이나 입시 정보력 편차 등의 조건은 이미 그 안에 결과의 불평등을 내포하고 있다. 청소년 시절 그 몇 년간 가정환경이 좋았던 덕에 편안한 환경에서 공부를 잘할 수 있었다는 것으로 내 인생이 결정된다면 이것이야말로 불공정하지 않은가.

물론 능력주의를 완전히 부정할 생각은 없다. 노력이든 타고난 재능이든, 능력 있는 사람이 그에 부합한 일을 하는 것은 개인의 행복은 물론이거니와 공동체의 발전에 이바지한다. 기업을 잘 운영할 수 있는 사람, 국가의 방향성을 잘 설계할 수 있는 사람, 다음 세대의 학문적 소양을 기를 수 있는 사람이 본인의 능력을 펼칠 수 있는 자리에서 일하는 것이 효율성 측면에서 옳다고 생각한다. 능력을 부정하고 모든 게 환경과 운에 좌우된다는 사고방식은 능력을 키우는 노력을 게을리하게 만든다. 재능을 타고난 양궁선수가 운만 믿고 노력을 게을리한다면 금메달을 딸 수 있겠는가.

요컨대 자신의 능력과 노력으로만 성공을 이루었다고 믿는 능력지상주의도 문제이고, 노력과 능력을 부정하는 불인정 또한 문제다. 가장 큰 문제는 이쪽저쪽 모두 서로에 대한 이해와 존중이 사라져가는 현실이다.

양측의 입장을 어떻게 절충해야 할까?

그 힌트를 프랑스 혁명에서 찾아볼 수 있을지도 모른다.

"Liberté, Egalité, Fraternité ou La Mort."
　자유, 평등, 우애, 그것이 아니면 죽음을.
　이는 프랑스의 건국이념이다. '죽음' 부분은 너무 과격하다고 해서 테르미도르 반동 이후 없어졌지만, 실제로 프랑스인들은 전쟁이나 국가적 혼란기마다 죽음을 불사하며 자유, 평등, 우애의 가치를 지켜왔다. 자유와 평등은 우리 헌법에도 국가적 이념으로 적시될 만큼 익숙한 용어이지만, '우애'는 상대적으로 덜 부각된 듯하다. 많은 이들이 '박애'라 알고 있는데 'fraternité'의 정확한 의미는 우애, 즉 형제애나 동포애를 뜻한다.
　자유와 평등은 일견 상충하는 개념이다. 현실의 인간 사회는 평등하지 않으며 누구나 배타적 자유를 즐기고 싶어 하니 말이다. 이 두 개념을 변증법적으로 융합시킬 제3의 개념이 우애를 뜻하는 'fraternité'다. 타인에게 해를 끼치지 않는 선에서 원하는 모든 것을 할 수 있는 자유와, 덕성과 재능 이외의 요소로는 차별받으면 안 된다는 평등의 공동체적 가치, 이 두 가치가 공존하기 위해서는 우애가 필요하다. 주변에 대한 애정 어린 시선으로 사회를 살필 때 자유로운 구성원들이 공동선을 추구하는 문화가 조성될 수 있기 때문이다.

같은 언어, 같은 문화 안에서 소규모 집단으로 살아갈 때는 우애가 생기기 쉬웠을 것이다. 그러나 사람들이 빠르게 거주지와 직장을 바꾸고, 한 집단 내에서도 다양한 인종과 언어, 문화적 배경이 혼재된 오늘날에는 우애를 가진다는 것이 한층 어려워졌다.

더욱이 우리 사회에는 우애를 갖기 어렵게 하는 좀 더 복잡한 맥락이 얽혀 있다.

하버드 대학의 교수 마이클 샌델Michael Sandel은《공정하다는 착각》이라는 책을 통해 능력주의를 비판했다. 미국 사회에서 성공한 이들이 오직 자기 능력만으로 성공했다고 생각하며 부와 권력을 독점하는 현상을 지적하면서 그는 하버드 대학 입학생을 추첨으로 선발하자는 파격적인 제안도 했다. 누구나 다 하버드에 가게 하자는 것은 아니지만, 일정 자격을 갖춘 학생 가운데 추첨으로 최종인원을 선발한다면 하버드 학생들도 본인의 실력 외에 운이 따랐음을 확실히 인식할 수 있지 않겠냐는 것이다.

잘 아는 후배와 이에 대해 대화한 적이 있다. 그 친구는 샌델이 공산주의자라고 비판했다. 깜짝 놀랐다. 샌델의 저작에 대해 여러 비판이 있는 것은 알았지만 공산주의자라니….

우리나라에서는 '평등은 공산주의, 공산주의는 사회악'이라는 사고의 흐름을 쉽게 접할 수 있다. 역사적 맥락을 고려하면 충분히 이해된다. 한국전쟁이 발발한 지 70년 남짓밖에 되지 않았다. 휴전 이후에도 수십 년간 학교에서는 국가 안보를 위해 반공교육을 했다. 북한군은 뿔 달린 괴물로 상상되었다. 그래서 우리나라 사람들에겐 공산주의라 하면 북한과의 역사적 마찰에서 생긴 부정적인 이미지들이 마치 연관검색어처럼 떠오르는 것 같다.

하지만 실상 대한민국은 완전한 자본주의가 아니고 북한도 완전한 공산주의가 아니다. 우리나라에도 국가가 주도하는 경제성장을 이끈 정권이 있었고 국가가 운영하는 국민건강보험의 경우 사회주의적 성격을 지닌 제도라는 견해도 있다. 북한에서도 시장을 통한 상업 활동과 상업은행의 존재를 찾아볼 수 있다. 완벽한 자본주의와 공산주의는 존재하지 않는다. 어느 나라든 두 체제 사이 어디쯤에서 제도와 정책이 만들어진다. 미국은 자본주의 진영에 가깝고, 상대적으로 핀란드나 노르웨이는 사회주의 진영에 가까울 것이다. 누가 옳고 누가 그른 것이 아니라 다른 생각을 하는 사람들이 의견을 교환해서 적절한 타협점을 찾아가야 한다. 하지만 우리 사회에는 자본주의가 공산주의나 사회주의와 융합될 수 있다는 생각이 아직 확산되지 않은 듯하다.

자유와 평등 사이의 적절한 조율이 필요한 것은 국가 간에도 마찬가지다. 한 집단 안에서도 우애가 생기기 점점 어려워지는 사회이지만, 기술이 발달한 덕분에 SNS나 영화 등을 통해 바다 건너에서 민주주의를 위해 투쟁하는 사람들에 대한 우애나 자연재해로 삶의 터전을 잃은 사람들에 대한 우애를 느끼는 것이 가능해지기도 했다.

대한민국은 이제 선진국으로서 세계시민에 대한 책임을 져야 하는 위치에 있다. 우리나라가 '한강의 기적'이라 불리는 눈부신 경제적 성장을 이룬 데에는 분명 국민들의 피나는 노력도 있었지만 다른 나라의 원조, 무역의존도 높은 개발도상국이 성장할 수 있는 국제질서, 동북아시아에서 민주주의 질서를 강화하기 위한 강대국들의 지원이라는 운의 요소도 크게 작용했다. 그렇다면 지금 내전과 재해로 혼란에 빠져 있는 국가들을 그저 능력과 노력이 부족해서라고 치부할 수 있을까.

우리에게는 '자유'라는 허울 아래 각자도생하는 힘의 질서가 아닌 평등의 정신이 필요하다. 평등은 공산주의, 공산주의는 사회악이라는 식의 흑백논리가 없어질 때 우애라는 제3의 개념을 통해 나라 안과 밖에서 자유와 평등을 융합할 수 있을 것이다.

무엇을 고치고
무엇을 지켜야 할까?

_____ 나는 고려대학교에서 27년째 교수를 하고 있다. 참 긴 세월이다. 1996년 교수 임용 지원서를 받기 위해 안암동을 찾기 전에는 고려대학교 문턱도 밟아본 적 없는 내가 이 학교의 교수가 되어 지금까지 좋은 학생들, 좋은 동료들, 좋은 연구환경을 누릴 수 있는 것은 기적과도 같은 일이다. 늘 행복했던 것만은 아니지만, 그래도 돌이켜보면 참 좋은 시간이었다.

그 세월을 함께하면서 과거에는 상상도 못 했던 방식으로 바뀌어가는 학교의 모습을 지켜볼 수 있었다. 1996년에 '국제교류실'이라는 것이 처음 생겼을 때 초대 실장님이 고려대학교의 국제화라는 목표를 이루기 위해 노력하겠다고 말씀했던 기억이 난다. 그분은 언젠가 캠퍼스 내에 외국인 학생들이 자연스럽게 돌아다니는 때가 되어야 국제화를 이루는 것이라 하셨는데, 그 말을 듣는 나는 그다지 가능하지 않은 얘기라고 생각했다. 하지만 지금, 그것은 너무나도 자연스러운 학교의 모습이 되었다.

학생 구성원의 변화만큼이나 관계의 변화도 크다. 아무래도 내가 교수인지라 교수와 학생 간의 관계 변화가 크게 다가온다.

내가 대학을 다니던 1980년대의 교수는 가까이 다가가기 어려운 분들이었다. 새해 첫날이면 학생들이 모여서 교수님 댁 순방을 했다. 새해 인사를 다니는 전통은 그 뒤로도 꽤 오래 이어져, 내가 교수가 된 1996년에도 학생들이 설날에 우리 집에 찾아왔다.

돌이켜보면 강의실에서보다 그런 사적인 자리에서 배우는 것이 외려 더 많았던 것 같다. 교수님들은 학계에서 성공하기까지의 개인사를 들려주시고 학생들의 고민을 듣고 조언도 해주셨다. 금전적인 어려움이나 가정의 문제를 개인적으로 상담하는 학생도 있었고, 실제로 도움을 받기도 했다. 인생을 어떻게 살아가야 하는지 많은 지혜를 얻을 수 있었다. 나도 나중에 교수가 되면 학생들에게 그런 역할을 해야겠다고 생각했다.

그 후 유학을 가서 학위를 받고 일을 하다 거의 10년 만에 한국에 돌아왔다. 그런데 그 10년이라는 시간이 어디로 갔는지 모를 정도로 교수와 학생의 관계는 유학 가기 전과 크게 다르지 않았다. 대부분의 교수는 여전히 무조건적인 존경의 대상이었고, 학생들은 교수 말을 잘 따랐다. 공동체 문화가 강한 고려대학교 학생들은 더욱 그러했다.

얼마 전, 존경하는 선배 교수가 페이스북에 쓴 글이 인상적이었다.

"초년 교수 시절 숙제 베낀 것 일일이 잡아내 0점 처리하고 운동장 10바퀴씩 뛰게 했었지요. 마감일 아침 9시에서 1분만 넘어 제출해도 운동장 뛰고 감점했지요. 확인서에 사인하느라 정문 경비 아저씨들이 고생했지요. 그때 일부 단과대학 학생회에서 동상에 밧줄을 걸고 철거를 주장하며 철야농성 중이었는데, 운동장 뛰는 것을 보고 이유를 물었답니다. 그랬더니 교수가 뛰라 하면 뛰냐고 다시 물어서 '뛰지 인마' 하고 쏴 줬다네요."

'교수가 뛰라고 하면 뛰는 거지…' 만감이 교차하는 글이다. 이 교수님은 학생을 사랑하는 마음으로, 또 젊은 교수의 열정으로 시켰을 테고, 학생은 교수가 하라고 하니 무조건 따랐다. 지금 똑같은 일이 일어난다면 어떤 반응이 나올까. 누구도 옳은 행위라 두둔하지 않을 것이다. 우선 학생들에 대한 인권침해이고, 경비원분들에게 그런 일을 부탁하는 것도 옳지 않다. 하지만 그때는 그렇게 생각하지 않았다.

지난 20여 년간 교수와 학생의 관계는 사뭇 달라졌다. 교수에게는 선생님으로서 인생을 가르치는 어른의 역할보다는 계약관계에 의해 학생들에게 지식을 전달하는 임무가 더욱 강조된다. 그관계도 매우 형식적인 것으로 변화했다. 교수는 학술적인 지식을 가르치고 학생은 배운다. 비공식적인 유대관계는 상당 부분 사라졌다.

교수와 학생의 관계가 변하고 교수가 학생에게 해야 하는 행위기준도 급격히 달라지다 보니, 오랫동안 학교에 몸담은 교수들과지금 대학생들이 생각하는 기준의 틈이 매우 커졌다. 그 결과는소통의 차단으로 이어졌다. 교수들도 학점 형평성 등의 논란에 휩싸일까 염려해 특정 학생들과의 만남을 쉽게 하지 못한다. 학생들과 같이 식사하거나 학업 고민이나 개인적 고민을 듣고 조언해주는 경우도 드물다. 간혹 학생들이 추천서나 지도가 필요해 찾아올때에야 관심사와 학업 방향에 대해 듣고 깜짝 놀라곤 한다. 그만큼 지속적인 교류와 대화가 줄었다는 것을 느낀다.

코로나19로 온라인 교육으로 전환되자 수업시간에 이루어지던교류마저 줄었다. 수업을 녹화하거나 녹음하고 수업에 참여하지 않는 학생이 생겼다. 학생들이 녹화한 수업 영상자료가 악의적으로 편집돼 온라인에 유포되기라도 하면 어떡하나 걱정하는 교수들도 생겼다. 수업시간에 하는 말 한마디 한마디가 조심스러워졌다. 그럴수록 교수와 학생의 관계는 소원해지고 형식적이 된다. 안타까움이 생기는 것은 어쩔 수 없다.

돌이켜보면 과거의 교수와 학생의 관계에는 문제되는 부분이 많았다. 학교라는 제도하에 구조적으로 교수에게 인권침해를 당하는 학생도 적지 않았다. 더러는 그냥 넘기기 어려운 심각한 사안마저 인권의식이 부족한 탓에 '문화'라며 관용되기도 했다.

그에 비하면 오늘날의 교수와 학생의 관계는 인권적 측면에서 상당 부분 진전된 것이 분명하다. 그래도 20년 후에 오늘을 돌이켜보면 다시 '그때는 그랬지…' 하며 또 다른 반성을 할지 모르겠다. 그때는 위계질서가 너무 강했다고, 학생들에 대한 지나친 개입이 너무 많았다고 생각할지 모르겠다. '그때는 맞았지만 지금은 틀린' 것들은 계속 생겨날 것이다.

다만 인권의 잣대로 과거 전체가 획일적으로 평가되는 것은 조심스럽다는 말을 하고 싶다. 학교에 몸담은 교수여서 학교 이야기를 했지만, 과거가 쉽사리 부정되는 모습은 우리 사회 어디에서든 발견할 수 있다. 과거란 없어져야 할 관행들, 해결될 수 있는 문제들, 도움이 되는 시사점과 관습들로 구성된 복합적인 유기체다. 과거 전체에 대한 부정이 아닌, 문제점은 해결하되 나와 상대방 모두에게 긍정적인 관습은 유지하는 방안에 대한 구성원 간의 논의가 필요하다.

규정을 만들면
인권문제가 해결될까?

_____ 2022년은 우리나라 모든 대학에 인권센터 설치가 의무화되는 해다. 그전까지 우리나라에는 전국 336곳의 대학 가운데 129개 대학에 인권센터가 있었다.

대학교 내의 인권문제는 다양하다. 구성원 사이에 발생하는 인격권, 학습권, 연구권, 교수권, 근로권 등의 권리침해와 차별, 위계관계에서 오는 괴롭힘, 성희롱·성폭력 등의 문제들이 있다. 그래서 인권센터의 역할이 중요하다.

고려대학교에 인권센터가 생긴 것은 2016년이다. 총장선거가 한창이던 2013년, 나는 새로운 총장이 오시면 인권센터가 설립되어야 한다고 생각했다. 총장직 후보자들에게 그 중요성을 피력했고, 신임 총장이 취임하고 2년 후 마침내 인권센터가 설립되었다. 초대 센터장으로 임명된 나는 학교 내에 오랫동안 존재해온 인권 침해 문제를 차차 해결해가고, 인권친화적인 대학 커뮤니티를 만들고자 노력하겠노라 다짐했다.

그때만 해도 인권센터가 있는 대학교는 별로 없었다. 양성평등기본법 등에 따라 성평등 교육이 의무화된 후여서 양성평등센터 혹은 성평등센터를 둔 대학교는 많았지만, 학내 인권문제를 포괄적으로 다루는 인권센터는 드물 때였다.

그래서 인권센터가 설립되고도 몇 년 동안은 인권센터가 무엇을 하는 곳인지 아는 교내 구성원이 별로 없었다. 인권센터의 존재를 아는지 설문조사를 하면 학생들 열에 아홉은 모른다고 답할 정도였다. 센터의 인지도를 높이기 위해 총학생회와 '인권주간'을 기획하여 인문계 및 자연계 캠퍼스에 부스를 설치해 홍보하고 기념품을 나눠주기도 했다. 시간이 흐른 현재는 학생들도 인권센터의 존재를 알고 다른 대학에도 인권센터가 많이 생겼지만, 지금의 인권센터가 바람직한 역할을 하고 있는지는 의문이다.

우리 사회는 엄청난 속도의 정치 민주화와 경제발전을 경험하면서 일상생활의 기준도 빠르게 변화했다. 대학교라는 공동체의 구성원 관계도 마찬가지다. 불과 얼마 전까지 관행으로 여겨졌던 행동이 이제는 용납되지 않는다.

이러한 것들을 모두 규정화하고 구성원의 행동을 규제한다면 인권문제가 사라질까?

인권교육과 활동은 서로 소통함으로써 공감대가 만들어지지 않으면 어떠한 규정으로도 효과를 보기 어렵다. 규정을 통한 규제는 어디까지나 최소한이다. 규제 일변도는 문제의 본질을 흐릴 뿐, 실질적인 문제해결로 이어지지 않는다. 건강한 담론의 장을 형성해야 할 대학 공동체가 과도한 규제로 자칫 경직될 우려도 있다.

나는 대학교의 인권센터가 인권교육 의무화, 인권문제의 해결과 피해자 구제를 하는 데 그쳐서는 안 된다고 생각했다. 학생들에게 살아 있는 인권을 경험할 수 있는 공간을 제공해야 한다고 생각했다. 구성원의 진정이 있을 때 분쟁을 해결하는 기구에 머물지 않고 학생들이 직접 참여하는 인권활동, 체험 등을 통해 인권감수성을 키우고 교내에 인권존중의 문화가 확산되는 데 기여해야 한다고 보았다.

그래서 다양한 국내외 기관과 협력해 포럼과 인권대회를 개최하고 유엔인권이사회United Nations Human Rights Council, UNHRC 인턴십을 기획해 인권을 바라보는 포괄적이고 확장된 시각을 제시하고자 했다. 정부와 국가인권위원회, 인권 관련 학회와 함께 인권 이슈를 논의하는 자리도 마련했다. 기성세대가 만들어놓은 인권이라는 개념을 학생들이 수동적으로 받아들이지 않고, 토론하고 질문하고 이의를 제기할 수 있기를 희망했다. 이러한 노력이 확산된다면 교내에 인권문화가 싹트고 인권친화적인 캠퍼스를 만들어가는 데 역할을 할 수 있으리라 기대했다.

하지만 이런 계획은 순탄하게 진행되지 못했다.

우선 인권센터의 역할에 대해 교내에서 충분한 인식이 없었다. 설립 당시 취지를 보아도 인권센터는 대학 내 인권기구human rights institution로서의 위상을 가지고 인권의 보호protection, 증진promotion, 구제remedy라는 3가지 기능을 담당하는 것으로 되어 있었다. 하지만 보호와 증진이 무엇을 의미하는지, 그것을 위해 무엇을 해야 하는지에 대한 인식이 부족했다. 결국 인권센터는 인권침해 사례를 조사하고, 가해자를 처벌하고, 피해자의 권리를 회복하고 피해를 보상하는 구제의 기능만을 담당하게 되었다.

물론 교내에서 일어나는 여러 가지 인권침해를 조사하고 해결하는 것은 중요하지만, 피해자가 인권침해 이전의 상태로 돌아갈 수 있도록 돕는 피해자 중심의 구제절차는 아직 존재하지 않는다. 그래서 나는 사전에 인권을 보호한다는 취지의 인권지침을 만들고자 했다. 그럼으로써 교내 문화를 바꾸어 인권의식을 증진하려는 의도였다.

　인권지침이란 인권침해가 벌어질 수 있는 다양한 사례를 항목별로 보여주고, 교내 생활에서 염두에 두어야 할 인권적 고려사항을 적은 문건이다. 일례로 교수가 학생에게 연구실 화분에 물을 주라고 시키는 것은 인권침해가 될 수 있다. 학생은 대학교에서 공부하는 것이 본분이고, 조교는 교수의 업무를 보조하는 역할을 한다. 화분에 물을 주는 일은 교수가 조교에게 맡길 공식 업무에 포함되지 않는다.

　물론 개인적 차원에서 동의하에 이런 일을 부탁하고 학생도 기쁘게 해준다면 크게 문제될 것이 없다. 그러나 개인적 동의가 능사일까. 학생이 하기 싫어도 교수의 요구를 거절하기 어려운 경우가 많다. 교수가 가진 특수권력, 즉 권력의 비대칭 때문이다. 교수는 학생의 성적에도 졸업에도 더 나아가 미래에 대해서도 큰 영향력을 가지고 있다. 이 때문에 교수의 요구를 거절하지 못하고, 화분에 물 주는 일이 한 번으로 끝나지 않고, 제대로 하지 않았을 때 질책으로 이어지고 학생의 인격을 모독하기라도 한다면 심각한 인권침해가 된다.

　권력의 비대칭과 같은 구조적 문제는 규정을 만들고 누군가를 처벌한다고 근본적으로 해결되는 게 아니라고 생각했다. 그보다는 진화하는 인권의 개념과 각 상황의 특수성을 서술하는 사례를 항목별로 보여주며 해당 상황에 어떤 인권 요소를 적용해 행동할지 제안하는 지침을 만들고 싶었다.

하지만 인권지침 초안은 암묵적 반대에 직면해 별다른 주목을 받지 못한 채 인권센터 내부의 논의에 그치고 말았다. 교수들은 지침이 만들어지면 학생들의 무분별한 항의가 잇따를 때 수습하기 어렵다고 우려했다. 이것은 규정이 아니라 구성원 간의 인권존중 문화를 키우기 위한 지침일 뿐이라고 설득해보았지만 받아들여지지 않았다.

인권지침을 만들고 교내 문화를 바꾸는 것 외에도, 나는 인권센터와 성평등센터가 결합해야 한다고 생각했다. 성평등은 교육권, 안전권 등의 인권적 요소와도 밀접히 관련되기 때문에 두 센터가 융합되어야 하나의 사건에 포괄적으로 대응할 수 있다고 본 것이다. 하지만 이것도 간단한 문제가 아니었다. 성평등센터는 이미 20년 전 설립되어 오랜 역사가 있었고, 신생기구인 인권센터의 주도하에 합병하는 것이 반갑게 느껴지지는 않았던 것 같다. 인권센터에 융합되면 성평등센터에서 다루는 문제들이 다른 인권문제에 밀려나 뒷전이 되지 않겠냐는 우려가 있었을 것 같기도 하다. 나의 임기 동안에는 뜻을 이루지는 못했지만, 얼마 전 두 기관이 합병했다는 반가운 소식을 접했다. (비록 인권의 포괄적인 연구 및 교육기관으로 방향을 잡으려면 시간이 더 필요할 것 같기는 하지만 말이다.)

인권센터 설립과 함께 4년간 이어진 나의 노력은 의도한 만큼의 결실을 맺지 못했다. 하지만 반드시 필요한 노력이고, 내 노력이 거름이 되어 학교 내에 인권문화가 형성되기를 바란다. 장기적으로 인권에 대한 깊은 고민과 구성원 간의 대화와 화합이 이루어져야 가능한 일이다. 인권센터는 그런 역할을 해야 한다.

2부

여기의 인권,
그 너머

"한국은 사명이 있다"

_____ 나의 인권활동에 큰 획을 그은 해를 꼽으라면 2006년
이다. 2006년은 휴먼아시아의 전신인 아시아인권센터가 설립된
해다.

2005년 1월, 베이징 대학의 언론학과 교수였던 자오궈뱌오가
쓴 〈한겨레〉 신문의 칼럼을 읽게 되었다. 제목부터 강렬했다. "한
국과 일본은 사명이 있다." 그는 아시아 45개국 가운데 경제발전
과 민주주의를 동시에 이룬 나라는 한국과 일본밖에 없으며, 따
라서 이 두 국가는 아시아 지역에서 사명이 있다고 주장했다.

나에게 큰 충격을 준 칼럼이었다. 당시 북한인권과 탈북자 문제

를 다루는 북한인권시민연합이라는 NGO와 함께 활동하면서 인권의식을 키우고 있었는데 그 글은 그런 나의 시야를 크게 넓혀주었다. "인권의 재난을 만들어내는 나라는 사악한 나라다. 다른 나라 인민의 인권 재난에 관심을 돌리지 않는 나라는 영혼이 없는 나라다"라는 마지막 문장은 아직도 내 마음속에 깊이 새겨져 있다.[10]

고故 윤현 북한인권시민연합 이사장도 한국이 아시아 지역에서 인권 책임을 높여야 한다는 생각을 공유하셨다. 이에 뜻을 같이하는 이들이 모여 다음 해인 2006년 아시아인권센터를 설립했다.

아시아인권센터의 목표는 전 세계에서 아시아 지역에만 없는 지역 차원의 인권보호체제를 만드는 것이었다. 유엔을 선두로 하는 국제인권보호체제는 지역별로 비슷한 형태로 갖춰져 있다. 유럽인권재판소European Court of Human Rights, 아프리카인권재판소 Court of Human Rights in Africa, 미주인권재판소Inter-American Court of Human Rights가 대표적인 지역 인권재판소다. 이러한 체제는 아시아에만 없다.

왜 그럴까?

아시아는 상당히 방대하다. 다양한 문화와 종교, 민족이 섞여 있고 경제적, 정치적 발전 또한 격차가 크다. 주요 종교만 해도 기독교, 이슬람교, 불교, 힌두교 등 세계 종교의 대부분이 섞여 있다. 동시에 인권문제가 심각한 지역이기도 하다. 이러한 아시아 지역 상황은 인권보호체제 수립의 장애요인으로 작용한다. 동시에 아시아 지역의 인권보호체제 수립이 긴요한 이유이기도 하다.

아시아에 지역재판소를 비롯해 지역 인권보호체제를 수립하고자 하는 노력이 아예 없던 것은 아니다. 서아시아에 해당하는 아랍국가들은 아랍국가연맹회의Council of the League of Arab States에서 2004년에 아랍인권헌장Arab Charter on Human Rights, ACHR을 채택한 바 있다. 동남아시아의 경우 아세안ASEAN에서 2007년 아세안 헌장을 채택하고 이를 기초로 2009년 동남아시아 국가연합 인권에 관한 정부간 위원회ASEAN Inter-governmental Commission on Human Rights, AICHR를 출범했다. 그러나 아시아 전체를 아우르는 인권협약 제정과 실행 및 감독 기구로서 지역인권법원을 설립하려는 움직임은 없었다.

동북아에 속하는 국가는 한국과 북한, 중국과 일본으로 수는 적지만 인구와 영토의 크기로는 다른 지역을 능가한다. 특히 중국, 일본, 한국이 감당하는 유엔 분담금 규모와 국제사회에서의 영향력을 고려하면 아시아 지역의 인권보호체제 수립과 같은 논의를 주도할 만하다. 그렇다면 이 네 나라만이라도 모여 인권을 주제로 대화하고 접점에 이르는 것은 안 되는가?

중국과 북한은 오랫동안 인권은 서구가 발전시킨 개념이라며, 자기들은 서구 중심이 아닌 독자적인 인권 관념을 가지고 있다고 주장해왔다. 일본은 서구화와 민주주의를 이룬 국가로서 서구에서 온 인권 개념을 받아들이고는 있으나, 과거사 문제로 아시아 지역에서 인권 리더십을 발휘하기가 어렵다. 그렇다면 한국이 아시아 인권보호체제 수립을 주도할 수는 없을까? 실제로 한국 헌법재판소가 적극적으로 아시아 인권법원 설립을 시도하기도 했으나, 동아시아의 국제정치적 상황은 여전히 논의의 진척을 가로막는 요인이다.

정부가 추진하는 것이 어렵다면 시민사회가 주축이 되어보면 어떨까?

얼핏 허무맹랑한 꿈처럼 들린다. 하지만 기본권조차 보장받지 못한 채 고통받고 있는 아시아인들을 떠올리면 가만히 있을 수만은 없었다. 영혼 없는 국민으로 남고 싶지 않았다.

사실 다른 지역에도 인권보호체제가 쉽게 만들어진 것은 아니다. 가장 모범적인 사례라 평가받는 유럽을 보자. 오늘날 유럽인권재판소를 중심으로 돌아가는 유럽인권보호체제는 세밀한 제도 수립으로 원활하게 운영되며 인권보호와 증진에 큰 역할을 하고 있지만, 처음부터 그랬던 것은 아니다. 서유럽과 동유럽의 서로 다른 정치제도를 감안하면 이념과 사상을 통합해 인권기구를 만드는 것은 거의 불가능한 과제로 여겨졌다. 하지만 결국 성공했다. 아메리카나 아프리카 지역도 마찬가지다. 저절로, 쉽게 만들어진 인권보호체제는 없다. 신념을 가진 사람들이 있었고, 그들의 지속적인 노력이 있어 가능한 일이었다.

우리도 해보자고 결의했다. 인권을 두고 정부들이 대화를 시작하기 어렵다면 한국의 시민사회가 중심이 되어보기로 했다. 시민사회의 노력으로 규범이 만들어지는 것을 보고 싶었다.

그러려면 우선 인권에 대한 인식 교육이 가장 중요하다고 보았다. 나아가 아시아 국가들의 시민사회와 연대, 협력하여 다양한 이슈별 네트워크가 형성되면 궁극적으로 국가들의 협력도 이루어낼 수 있으리라 생각했다.

하지만 자금이 문제였다. 단체를 설립하고 활동하려면 당장 돈이 필요했다. 큰 꿈을 꾸었지만, 이에 공감하고 선뜻 기부할 만한 사람이 많지 않았다. 열심히 설명하면 잠시 공감은 얻었지만, 뜬구름 잡는 대화로 끝나기 일쑤였다. 구체적으로 어떤 사람들의 어떤 인권을 위해 일하겠다는 건지 체계적인 계획도 부족했다. 막연히 아시아 지역에 우리의 책임이 있다며 동참해달라고 외치는 것은 효과가 없었다. 정부도 정치인도 큰 관심을 두지 않았다.

일반인 대상으로 몇 차례 인권교육을 시도했고 북한인권시민연합과 협력하여 조금씩 활동을 넓혀보았다. 덕분에 우리 활동이 차츰 알려지기 시작했으나 정확히 무엇을 하는 단체인지 아는 사람은 여전히 적었다. 또 북한인권단체와 함께 활동한다는 이유로 진보 성향의 인권단체들과 협력도 쉽지 않았다. 북한인권단체는 북한 체제를 비판하기 마련이라 보수적 성향으로 여겨지곤 하는데, 덩달아 우리 단체의 중립성도 의심받은 것이다. 이런 이유로 유엔경제사회이사회UN Economic and Social Council, UNECOSOC의 협의체 지위를 획득하기 위한 노력도 물거품이 되었다. 당시 자금이 부족하여 북한인권시민연합 사무실과 팩스를 공유하고 있었는데, 이것이 우리 단체의 의도를 의심하는 근거가 될 줄은 몰랐다.

어려움은 상당 기간 지속되었다. 하지만 방법을 찾아 계속 노력하다 보면 길이 열릴 것이라 믿었다. 돌이켜보면 인권운동이란 처음에는 언제나 불가능해 보이는 것 같다. 노예해방에 일생을 바쳤던 이들이나 성평등을 위해 싸워온 인권운동가들 모두 처음에는 불가능해 보이던 것들을 바꿔놓지 않았던가. 시간이 걸려도 초심을 잃지 않으면 언젠가 꿈이 이루어진다는 생각에는 지금도 변함이 없다.

아시아 지역의 인권운동을 가만히 들여다보면 양상은 다양하나 크게 두 종류로 나뉜다. 하나는 독재국가나 공산국가가 자국민에게 가하는 인권침해 문제를 해결하기 위한 운동으로, 대개 민주화 운동과 맥을 같이한다. 다른 하나는 경제적으로 고통받는 저개발국가 사람들이 인간다운 삶을 살도록 돕는 일이다. 전자는 독재국가를 비판하고 정부와 각을 세워야 하는 일이고, 후자는 정부와 협력이 필요한 작업이다.

과거의 인권운동은 전자 쪽에 기울었다. 여러 인권의 종류 중 자유권을 가장 중요한 것으로 보고, 서구와 협력하여 독재국가를 압박하는 것이 인권활동의 주된 임무였다. 후자는 인도적 지원을 적극적으로 펼치는 기구의 업무로 여겨졌다. 궁극적으로는 모두 인권증진을 위해 노력하는 것이지만 이념과 정책 차이로 양측의 협력은 잘 이루어지지 않았고 서로 반목하는 때도 많았다. 나는 이것을 극복해야 할 중요한 문제로 보았다. 아시아 지역에서 진정한 인권활동을 펼치기 위해서는 통합된 접근법이 필요하다고 생각했다.

2011년 내가 아시아인권센터 대표를 맡고서 가장 먼저 한 일은 단체명 변경이었다. '아시아인권센터'에서 '휴먼아시아'로 바꾸었다. '인권'이라는 단어에 거부감을 보이는 이들이 적지 않은데, 한국뿐 아니라 아시아 지역의 전반적인 정서가 그렇다. 아시아의 가치를 담지 못하는 서구의 사상이라 보는 까닭에서다. 그래서 인권

human rights에서 권리rights를 빼고 인간 존엄에 초점을 두고자 사람을 뜻하는 'human'을 남겨 아시아와 접목했다. 그렇게 휴먼아시아가 탄생했다.

더불어 인도지원사업과 국제개발협력사업을 차츰 늘려나갔다. 종교적, 정치적으로 중립을 유지하고 인간 중심 단체로 정체성을 강화하는 데 집중했다. 국경과 이념을 초월해 다양한 행위자와 협력하며 미래 지역인권보호체제 설립을 목표로 활동을 펼치기 시작했다.

무엇보다 인권에 대한 교육이 가장 중요하다고 보았다. 인권의 개념을 바탕으로 인권감수성을 키우는 것이 선결되어야 건강한 인권이 우리 사회에 뿌리내릴 수 있다. 인권교육 대상을 일반인에서 중고등학생 및 대학(원)생까지 확대하고, 난민을 직접 돕는 활동 등 다양한 교육 프로그램을 개발했다. 이 교육을 국내뿐 아니라 아시아 지역으로 넓혀갔고, 아시아 지역 학생들을 대상으로 하는 모의 유엔인권이사회도 개발해 여러 차례 개최했다. 최근에는 한국, 일본, 중국 학생들과 각국 활동가들의 연계 프로그램을 지속적으로 발전시켜 나가고 있다.

개발협력사업 또한 도움의 손길이 필요한 곳에 단순히 물품을 지원하는 데 그치지 않고 교육을 통해 인권감수성을 기르는 사업으로 확장하고 있다. 베트남 의약품 지원사업을 시작으로 네팔 지진 구호물품 조달사업, 라오스 아동교육 지원사업, 인도 지역 난민 아동을 위한 교육사업, 필리핀의 소수민족 디지털 교육사업 등을 수행했고, 현재는 요르단 난민과 현지 취약계층 아동의 디지털 교육사업을 검토하고 있다.

한 편의 칼럼에 영감을 얻어 국경을 넘어 인권활동을 펼친 지 어느덧 15년이 넘었다. 금세 성과가 나는 일은 없다. 인권은 속도는 더디지만 쉼 없이 진보하고 진화한다. 조급한 마음이 들어도 언제나 초심으로 돌아가 최선을 다하고자 매번 다짐할 뿐이다.

인권의식이 그들을
더 행복하게 할까?

_____ 2013년 휴먼아시아의 이사들과 고등학생, 대학생 자원봉사 학생들 20여 명이 네팔로 향했다. 소외된 마을에 방문해 지원 방법을 모색하기 위해서였다. 그 마을에는 722가구, 3500명 정도가 살았는데 대부분의 어린이가 학교에 다니지 않는 등 제대로 교육받지 못하고 있었다. 우리는 한국인 선교사가 운영하는 현지 아동센터와 함께 어린이 교육 프로그램을 개발하고자 했다.

우리가 방문한 곳은 네팔의 수도 카트만두에서 자동차로 1시간 반가량 떨어진 가난한 산간농촌 마을이었다. 당시 네팔에는 카트만두에도 전기 공급이 원활하지 않아 호텔 등 주요시설은 자가 발전기를 쓰는 곳이 많았고 거리에 신호등도 제대로 들어오지 않았다. 우리가 갔던 버티켈에도 당연히 전기가 들어오지 않았다.

유엔지속가능발전목표UN Sustainable Development Goals, UN SDGs라는 것이 있다. 전 세계의 빈곤문제 해결과 지속가능한 발전을 위해 2030년까지 국제사회가 달성해야 할 목표로, 총 17개 항목이 제시돼 있다. 그중 일곱 번째는 "적정하고 믿을 수 있는 지속가능한 현대식 에너지원에 대한 접근성 확보"로, 구체적으로 2030년까지 전 세계 모든 사람에게 100% 전력 공급을 달성하는 것이다. 버티켈 지역은 2015년 대지진으로 전체 가옥의 90%가 피해를 입었고 몇 년이 지나도록 10%만 복구될 정도로 상황이 열악했는데, 전기 공급 목표가 잘 이루어질지 의문이다. 또 전기만 공급된다고 그들의 삶이 풍족해지는 것은 아닐 것이다.

네팔은 세계 2위의 산악자원을 가진 나라다. 우리가 잘 아는 히말라야가 그곳에 있다. 산이 많으면 수력발전소를 짓기 용이하다. 그런데 네팔은 왜 전기가 부족할까. 당시 네팔에는 수력발전소가 하나도 없었다. 전기는 모두 인도에서 무상으로 지원받고 있었는데, 많은 전기가 인도로 다시 팔려간다고도 했다. 그만큼 공무원들의 부패가 심각했다는 얘기다. 전기공급망을 빼돌려 얻는 공무원의 이익이 크니 국민을 위한 발전소 건설은 그다지 중요하게 여겨지지 않았던 건지도 모른다.

이런 생각을 하며 낡은 미니 트럭를 타고 버티켈로 향했다.

　도착했을 때 가장 인상적인 것은 마을 주민 대부분이 '뻐허리'라는 성姓을 사용했다는 것이다. 통계적으로 60% 정도가 뻐허리 Pahari 종족이라고 하는데 체감으로는 모두가 그 성을 쓰는 것 같았다. 3대가 한 집에 사는 것이 일반적이고, 집은 전통 방식으로 진흙과 소똥으로 지었다. 소를 소중히 여기는 터라 그 작은 집에도 소가 사는 방은 잘 만들어져 있었다. 그리고 그 소의 배설물로 집을 지었다.

　상하수도가 공급되지 않으니 우물을 파서 물을 마시고 배설물은 바로 땅에 묻었다. 내가 민박한 집에는 요리할 때 사용하는 우물 바로 옆에 화장실이 있어서 깜짝 놀랐다. 물이 오염되었을 게 분명한데, 그들의 건강이 걱정되었다. 동네에는 병원도 의사도 없었다. 일행의 건강을 책임져야 하니 우리는 급한 대로 가져간 생수를 아껴 마셔가며 2박 3일의 일정을 버티기로 했다.

　우리는 몇 명씩 여러 가정집에 나눠 묵었는데, 1월의 추운 날씨임에도 난방은 당연히 없었다. 두꺼운 침낭에 들어가 보온병에 뜨거운 물을 넣어 추위를 넘겼다. 그런 것도 없이 현지 사람들은 어떻게 겨울을 나는지 짐작이 되지 않았다. 내가 묵은 방에는 창문에도 유리가 없어서 가방으로 창을 막아놓고 잠을 청해야 했다.

다음 날 아침 우리 일행은 마을을 다니며 청소를 했다. 길이 너무 지저분하니 버려진 쓰레기를 치우자고 한 학생이 제안해 결정한 것이다. 그런데 정작 마을 사람들은 매우 탐탁지 않은 눈치였다. 우리가 청소하는 것을 이해할 수 없다는 듯 보였다.

나중에 들으니 쓰레기 치우는 일은 카스트 지위상 가장 하층에 속한 불가촉집단의 몫이란다. 우리가 그들 눈에 불가촉집단으로 보이지는 않았으리라. 그러니 더욱 이상했던 것이다. 네팔의 카스트 제도는 공식적으로 폐지되었지만 실제로는 여전히 존재한다. 카스트는 5개의 집단으로 나뉘는데, 뻐허리 종족은 네 번째 '부정하지만 접촉 가능한' 집단에 속했다.

그 마을에서는 모든 일을 여자가 했다. 새벽 일찍부터 여자들이 청소, 빨래를 하고 음식을 장만하면 남자들은 느지막이 일어나 여자들이 준비해놓은 음식을 먹었다. 대나무 수공예 작업도 운반도 대부분 여자가 했다. 남자들은 게을러 보였다. 자기들끼리 모여 앉아 노름하는 장면도 종종 눈에 띄었다.

내가 묵은 집에는 열 살짜리 여자아이가 있었다. 아침에 교복을 차려입고 있기에 같이 학교에 가보고 싶었다. 초등학교가 있긴 했지만 정작 학교에 가는 학생은 많지 않았다. 부모들은 아이들이 학교 다니는 것을 좋아하지 않았다. 그것보단 대나무 수공업을 거드는 편이 더 낫다고 생각하는 것이다.

아이에게 언제 학교에 가냐고 물으니 8시라고 했다. 나는 기다 렸다. 그런데 9시가 넘어도 학교에 가지 않아 다시 물어보았다. 그 제야 가자고 했다. 학교에 가니 일부 아이들이 교실에 앉아 있고, 더 많은 아이들은 교실 밖에서 서성이고 있었다. 건물과 책상만 있을 뿐 우리가 학교에서 으레 볼 수 있는 책, 칠판, 컴퓨터, 모니터, 분필도 없었다. 심지어 학생만 있지 교사도 없었다.

어찌된 영문인지 몰라 황당해할 때, 선생님으로 보이는 사람이 학교로 들어왔다. 다행히 영어를 잘하는 사람이라서 나는 수업을 언제 시작하냐고 물었다. 시작 시각은 따로 없고 아이들이 교실에 많이 모이면 그때 한다고 했다. 선생님은 2시간 이상 떨어진 곳에 살기 때문에 일찍 시작하지 못한다고 했다. 교과서도 칠판도 분필 도 없는 학교에서 어떤 교육이 이루어지는지 궁금했다. 선생님은 밖에 있는 학생들에게 들어오라는 말도 없이 교실에 있는 학생들 하고만 수업을 시작했다.

우리는 그 지역 아동들의 교육을 지원하고 인권의식을 키워주 자는 큰 꿈을 안고 갔다. 한국인 선교사가 운영하는 아동센터에 노트북 같은 교육물품을 제공하고, 자원봉사자를 파견해 교육 프 로그램도 운영하려는 계획이었다. 그런데 실상을 보고 나니 대체 어디서부터 어떻게 도움을 줄 수 있을지 막막했다.

다행히 우리는 바로 다음 해 모금을 통해 해당 지역에 어린이 도서관을 지을 수 있었다. 아이들이 학교 교육에서 받지 못하는 교육을 그곳에서 제공하고자 했다. 아이들과 부모들은 아동센터를 무척 좋아했다. 50명 정원의 규모에 매일 200명에 가까운 어린이들이 방문하곤 했다.

그러나 우리 계획은 의도했던 대로 잘 진행되지 못했다. 아동센터를 장기적으로 원활히 운영하기도 쉽지 않았고, 주민들의 불만도 차츰 생겨났다. 지원물품과 자금을 마을 주민들에게 공평하게 분배하는 데도 잡음이 많아 마을의 분란만 가중한 결과가 되었다. 우리의 활동은 2015년 대지진 복구를 위한 사업을 끝으로 중단되었다.

주민들은 왜 우리 활동에 만족을 못 느끼고, 아동센터를 싫어하는 사람들은 왜 많아졌을까.

우리가 그런 활동을 한 것은 그것이 그들을 행복하게 해줄 것이라 믿었기 때문이다.

나는 늘 생각해본다. 우리의 노력이 그들을 더 행복하게 해주었을까. 교육하고 인권의식을 키워주면 그들이 더 행복해질까.

사실 행복지수로 따지면 그들은 이미 행복하다. 우리가 보기엔 너무나 어렵게 살고 있지만, 그들은 그리 고통스러워 보이지 않았다. 비슷한 처지의 옆 나라 부탄은 세상에서 가장 행복지수가 높다고 한다. 자유도 없고, 여성과 아동은 착취당하고, 경제력도 없고 기본적인 삶도 보장받지 못하는데, 왜 그들은 우리나라 사람들보다 더 행복할까.

나는 인권운동이 제대로 이루어지지 않으면 그 사회에 혼란만 더한다는 것을 깨달았다.

먼 옛날 아프리카와 중남미를 식민지로 개척한 유럽인들 중에는 원주민들을 교화시켜 더 잘 살게 해주겠다는, 나름의 선한 의도를 가졌던 이들도 있었을 것이다. 모두가 나쁜 의도를 가진 것은 아니었을 텐데, 원주민을 착취하고 불평등을 낳는 결과를 초래했다. 그들의 가난은 해소되지 않았고 유럽인들은 그 덕에 더 잘 살게 되었다. 유럽의 민주주의는 더 성숙해지고, 저개발국의 민주주의는 더욱 쇠퇴하였다.

차라리 그들이 살던 방식대로 살도록 놔두는 것이 더 나았을지 모른다고 생각하기도 한다. 우리의 지원 노력이 오히려 그들을 더 불행하게 만든 것일지도 모른다. 하지만 그렇다고 그들이 인간다운 삶을 살도록 지원하는 노력을 포기할 수는 없다. 어떻게 해야 하는지 방법을 잘 찾아내야 한다.

우리가 방문했을 때 버티켈에서는 싸이의 〈강남스타일〉이 인기였다. 어디선가 노래가 들리면 아이들은 신나게 춤을 추기 시작했다. 그들은 이 노래가 한국에서 왔다는 사실도 알고 있었다.

당시 버티켈에는 인터넷은 물론이고 TV도 거의 없었다. TV와 라디오가 있는 집에 마을 사람들이 모여 함께 보기도 했지만 휴대전화도, CD플레이어도 거의 없는데 아이들이 한국 노래를 안다는 게 무척 신기했다. 우리가 모두 연결된 글로벌 사회에 살고 있다는 것을 단적으로 보여주는 예다.

그리고 그 장면은 그들이 바로 우리의 일부분이고 우리 또한 그들의 일부분임을 내게 확인시켜 주었다.

그들은 민주주의와 인권에 대해 알고 있었다. 성평등이 중요한 가치라는 것도 알고 있었다. 하지만 자기들이 자유롭지 않고 평등하지 않다는 것은 몰랐다. 자유와 평등을 실제 삶에서 경험해보지 못했기 때문일 것이다.

그들에게 자유와 인간답게 사는 것이 어떤 것인지 알려주는 것은 세계시민으로서 우리의 책임이다. 다만 우리 입장에서 우리의 생각을 전달하려고만 해서는 실패할 가능성이 높다.

몇 년 전 미국 법원의 판결이 생각났다. 방글라데시 현지 공장에서 아동노동으로 제품을 생산하던 미국 기업들에 대한 재판이 있었다. 그들의 아동노동 실태가 낱낱이 밝혀져 모든 생산 활동이 금지되었다. 그리고 그 판결로 그 지역의 경제는 더욱 피폐해졌다. 아동의 권리를 증진하려는 노력이 결과적으로 경제적 인권 침해를 초래하게 된 것이다. 아동의 권리를 위해 아동노동을 막아야 하는 것은 맞지만, 인권을 보호하려는 노력이 그들의 입장을 잘 헤아리지 않으면 다른 인권을 침해할 수 있다는 것을 보여주는 사례다.

9년 전 그곳에 방문했을 때 만났던 열 살 어린이가 생각난다. 큰 눈망울이 초롱초롱하고 아주 똘똘했던 아이인데 부모가 학교 다니는 것을 싫어했다. 그 아이는 지금 무엇을 하고 있을까. 왜 우리는 그 사업을 지속하지 못했을까. 곧 그 아이와 그 마을을 다시 찾아가야겠다.

연민에서 연대로
나아가려면

_____ 2016년, 휴먼아시아 국장과 함께 인도로 향했다. 인도 동북부에 있는 아루나찰 프라데시라는 지역에 머무는 방글라데시 난민인 줌머인들을 만나기 위해서였다.

줌머Junna는 화전농업을 하는 사람들이라는 뜻으로 방글라데시 치타공 산악지대에 살던 11개 소수민족을 가리킨다. 1970년대 후반 방글라데시 정부는 이들을 인종적, 종교적, 정치적으로 탄압했다. 급기야 이들의 터전에 벵골족을 이주시키는 바람에 이들은 세계 곳곳으로 흩어져야 했다. 한국에도 1990년대부터 이주가 시작돼 현재 200여 명의 줌머인들이 김포 지역에 정착해 살고 있다. 이들은 한국에 정착한 최초의 난민공동체로 여겨진다. 2010년부터 난민지원사업을 수행해온 휴먼아시아는 줌머인들을 위한 자그마한 도서관 설립을 시작으로 이들과 인연을 맺었다.

그네들의 설날인 4월이면 한국의 줌머인들도 보이사비 축제를 연다. 보이사비는 차크마, 마르마, 트리퓨라 민족의 방언을 줄인 말로 평화, 사랑, 평등, 민족단결을 상징한다. 방글라데시의 음력 마지막 이틀과 새해 첫날을 기념하는 줌머인들의 가장 큰 축제다.

그들과 인연을 맺은 후 나도 매년 축제에 참가하고 있다. 한국에 정착한 줌머인이 적지 않지만 모두 난민 지위를 획득한 것도 아니고, 일상생활에서 여전히 크고 작은 차별을 받는 것도 사실이다. 난민에게 마냥 따뜻하지는 않은 한국 사회에서 자기들의 정체성과 전통을 그대로 유지하면서도 잘 적응해 살아가는 모습을 보며 참 다행이라 생각하곤 한다.

그들의 소개로 나는 인도에 거주하는 그들의 동료 민족인 차크마족의 사정을 알게 되었다. 치타공 산악지대에 살던 줌머인들이 가장 많이 망명한 곳은 가까운 인도였는데, 인도 중앙정부는 약 3만 5000명의 줌머인을 난민으로 받아들여 아루나찰 프라데시 지역에 이주시켰다. 인도 정부는 법에 따라 인도에서 태어난 난민 2세에게 시민권을 부여하고 있으나, 아루나찰 프라데시 주정부는 교묘한 방법으로 이를 이행하지 않았다. 시민권이 부여되지 않는다는 것은 출생등록을 할 수 없어 정부의 각종 혜택에서 소외된다는 뜻이다. 현재 인도에 있는 5만 명의 차크마족 가운데 선거권을 가진 사람은 2500명 정도라고 한다. 차크마족 학생들이 다니는 공립학교들은 폐쇄되었거나 이들을 향한 폭력이 일상적으로 일어나는 등, 주정부 및 원주민에 의해 조직적 차별과 박해를 받고 있다고 했다.

지정학적으로도 이 지역은 중국과 국경이 맞닿아 있어 분쟁이 끊이지 않았고, 극우세력의 독립 의지가 강해 인도 정부와 빈번히 마찰을 빚고 있어 제한구역으로 분류된 터였다. 인도 정부로서는 산악지대와 밀림이 어우러진 이곳에 차크마족을 난민으로 받아들여 전략적으로 이 지역을 지키고자 하는 의도도 있었을 것으로 추측된다.

우리는 이곳의 출입허가를 받기 위해 특별비자를 신청해야 했고, 그러고도 출입지역에서 신분과 방문 목적을 확인하는 과정에서 5시간 이상 억류되기도 했다. 겨우 절차를 마치고 출입명부에 신원정보를 적을 때 보니 우리가 그 지역에 들어가는 최초의 외국인이었다. 그만큼 외부와 철저히 단절된 지역이었다.

우여곡절 끝에 도착한 그곳의 첫인상은 태어나서 처음 보는 것이었다. 매우 잘 정돈된 전통사회라고나 할까. 일전에 방문한 네팔과 달리 차크마족의 거주지역은 무척 깔끔하고 마을도 깨끗하고 질서 있어 보였다. 사람들도 친절하고 따뜻했다. 그들의 외모는 인도인보다는 외려 우리나라 사람과 비슷했다. 접경지역의 중국인과 구별하기 어렵다는 얘기도 들었다.

주정부와 원주민의 탄압으로 공립학교에서 교육받기가 여의치 않은 터라 차크마족은 자기들의 민족학교를 설립해 운영하고 있었다. 가난을 대물림하지 않고 부당한 처지를 개선하기 위해 자라는 아이들의 교육에 중점을 두고 세운 학교라고 했다. 일제 강점기 시절 우리 선조들의 모습이 문득 떠올랐다. 그러나 상황은 좋지 않았다. 처음에는 이따금 불교단체에서 지원이 있었으나 그마저 끊긴 상태였다. 학교는 있었지만 시설과 환경이 열악해 우리의 도움을 기대하고 있었다.

호텔이나 여관이 있을 리 만무해 우리는 그 지역의 유지라 불리는 분의 집에서 민박했다. 6시간 이상 비포장도로를 달려 5시간 동안 억류되고, 다시 비포장도로를 1시간 정도 달려 거의 자정이 되어서야 숙소에 도착했다. 아주 길고 힘든 하루였다. 우리를 안내하는 사람도 예상에 없던 억류에 많이 미안해했다.

그 늦은 밤, 우리는 크나큰 환대를 받았다. 비상식량으로 가져간 컵라면으로 온종일 버텼던 우리는 그 밤중에 따뜻하게 밥을 차려주는 정성이 너무 고마웠다. 식사 후 방에 들어가니 찬바람이 쌩쌩 불었다. 문 위로 별 한 무리가 눈에 들어왔다. 방문은 달려 있지만 위아래가 모두 뚫려 찬 바람이 불고, 개가 짖는지 늑대 울음인지 알 수 없는 소리 때문에 피곤함에도 뒤척이며 첫날 밤을 보냈다.

생각지 못한 억류로 모든 일정이 꼬인 우리는 다음 날 일찍부터 서둘러 아침 6시에 학교를 방문했다. 놀랍게도 그 시간에 모든 학생과 교사들이 한 줄로 정렬하여 우리를 반겼고, 아이들은 들판에 핀 꽃으로 꽃다발을 만들어 환영해주었다. 마치 내가 대단한 사람이라도 된 듯한 기분이었다. 네팔의 버티켈에 있는 썰렁한 학교와는 큰 차이가 있었다. 교복을 정갈하게 입은 학생들의 모습은 생기 있고 열의가 느껴졌다.

하지만 이들의 노력은 한계가 있다. 초등학교는 스스로 운영하지만 이후의 교육은 전혀 보장되지 않았다. 버티켈 주민들은 어렵게 살지만 그래도 네팔의 국민으로서 국가의 보호를 받는다. 하지만 이곳의 차크마족은 영원히 국가로부터 환영받지 못하는 사람들이다. 국가의 보호도, 국민으로서의 정체성도 없이 교육과 직업, 의료체계에서 배제되어 인간다운 삶을 살기가 어려운 처지였다.

난민문제를 논하면서 우리는 주로 국가가 난민을 수용하는 데 관심을 가진다. 유엔에서는 유엔난민기구 United Nations High Commissioner for Refugees, UNHCR를 중심으로 난민에 대한 규범을 만들어왔고, 많은 시민사회단체도 난민의 보호를 위해 일하고 있다. 해당 국가가 난민 수용을 결정하고 처우를 책임지도록 정부를 압박하고 독려하기도 한다. 그런데 중앙정부에서 받아들인 난민을 그들이 실제 거주하는 지방정부에서 거부하고 보호하지 않는다면? 그 책임을 중앙정부에 묻기도 쉽지 않다. 이런 난민은 사람들의 관심에도 멀어져 지원금을 구하기도 어렵다. 휴먼아시아 또한 이 지역의 난민을 돕는 자금을 마련하는 데 많은 어려움을 겪었다.

이러한 처지에 놓인 난민이 전 세계에 얼마나 많을까 생각해봤다. 정착했지만 정체성이 없는 난민들 말이다. 그 사회로부터 영원히 환영받지 못한다면 얼마나 불행한 일인가. 이렇게 많은 줌머인이 인간적인 대우를 받지 못한 채 살고 있는데, 우리가 알고 있는 난민은 일부에 불과하다. 딴에는 오랫동안 난민문제를 고민해왔는데, 이런 난민이 있다는 것조차 모르고 있었다. 그들의 처지에서 생각해보지 못한 것은 말할 것도 없다.

유엔난민기구의 2021년 연례 보고서에 따르면, 오늘날 전 세계

인구의 1%인 약 8000만 명이 난민이다. 지난 10년간 두 배 이상 증가했고 처지도 점점 악화되고 있다. 대부분 극심한 식량난에 시달려 영양부족 상태에 있다.

개인적으로 아시아 지역의 인권에 관심을 가진 이후 가장 많이 고민해온 분야가 난민이다. 아시아는 2000년대 초반에도 이미 세계에서 난민이 가장 많았다. 한국에도 많은 난민이 몰려들었다. 사안의 엄중함을 인식한 우리 정부는 2013년에 아시아 최초로 독립된 난민법을 시행했다. 나는 난민법을 통해 아시아에서 한국이 인권국가로서 모범사례를 만들고 확산하는 역할을 할 거라 기대했다. 나와 같은 기대를 안고 많은 난민이 한국으로 향했다. 그러나 자료에 따르면, 2010년부터 2020년까지 한국은 5만 218건의 난민 지위 결정 가운데 655건만 난민 지위를 인정함으로써 1.3%의 세계 최하위 난민인정률을 기록했다. 절대다수는 난민 지위를 획득하지 못하고 본국으로 송환되었다.

나는 교육을 통해 난민에 대한 인식이 개선되면 우리나라도 난민을 많이 받아들이게 될 거라 믿었다. 그래서 해마다 관련 교육을 해왔다. 하지만 2018년 예멘 난민이 한국에 들어왔을 때 큰 충격을 받았다. 난민수용을 반대하는 청와대 국민청원이 70만 명이상의 동의를 얻었고, 난민을 배척하는 여론은 점점 거세졌다.

불과 60여 년 전에 전쟁국이었고 수많은 망명자가 있었던 곳이 한국이다. 난민은 불쌍한 사람, 가난한 사람이 아니라는 인식의 전환을 꾀하고자 해온 교육이 헛수고였다는 허탈감이 들었다.

난민에 대한 이해를 넓히고 포용하자는 교육을 받을 때와 실제로 난민을 마주할 때 우리의 감정은 차이가 있다. 난민이 내 삶을 위협한다고 느껴지면 배척할 수밖에 없다. 더욱이 한국에는 난민이 상대적으로 많지 않았고 그들과 섞여 살며 공감해본 경험이 없다. 그만큼 그들이 낯설고, 현실적 거부감도 크다.

나는 난민 인권을 위해 여러 가지 활동을 해왔지만, 돌이켜보니 나 자신도 난민문제를 이성적으로 접근했지 그들과 공감하려는 노력은 부족했던 것 같다. 진정한 인권운동의 방향은 공감함으로써 나올 수 있을 것이다. 공감은 연민이나 동정과는 다르다. 연민이나 동정은 우월한 위치에 있는 내가 남을 생각해주는 감정이고, 공감은 그의 입장에 서보는 것이다.

인간에게 공감 능력이 없었다면 연대와 협력도 하지 않았을 것이다. 아마 공동체도 이루지 못했을 것이다. 갓난아기는 다른 아기의 울음소리가 들리면 따라 울곤 하는데, 이것이 초보적인 공감 능력의 증거라고 한다. 우리 사회의 교육은 이러한 천성을 키워주지 못하고 있다. 이론적 배움에 갇혀 오히려 공감 능력을 점차 상실해가고 있다.

2021년 아프가니스탄을 탈레반 정권이 통치하면서 많은 난민이 발생했다. 우리 정부는 수년간 현지에서 한국의 활동을 도운 아프가니스탄인 391명을 긴급히 입국시켰다. 그들은 난민이 아니라 '특별기여자'라는 다소 생소한 신분으로 이 땅에 왔다. 난민 유입에 부정적이던 사람들의 거부감을 불식시키기 위한 것이었다. '난민'이 아니어서일까, 이 정책은 크게 환영받았고 언론에서도 칭찬 일색이었다. 2018년 예멘 난민들이 제주도에 입국했을 때의 정서와는 전혀 달랐다.

하지만 난 이들이 한국에서 어떻게 정착해갈지가 걱정이다. 지금은 우리의 조력자로 환영받고 있지만, 세월이 흘러 본국으로 돌아가지 못하고 한국에 영원히 살아야 한다면 그때도 계속 환영받을까. 혹여나 혐오의 대상이 되고 차별받지는 않을까.

아프간과 같은 사태는 세계 곳곳에서 계속 생겨날 것이다. 지금보다 더 많은 이들이 우리의 조력자가 아닌 난민으로 들어올 개연성은 얼마든지 있다. 그때도 우리는 계속 환영할 수 있을까. 그들이 우리라는 생각, 그들의 처지를 공감해보려는 노력 없이는 쉽지 않을 것이다.

2023년은 한국에 난민법이 시행된 지 10주년이 되는 해다. 아시아 최초의 난민법 시행을 자랑스럽게 여겼던 것이 무색한 오늘날의 난민인정률은 여러모로 안타까움이 남는다.

'인권국가' 한국에 대한 기대로 한국에 왔다가 절망을 경험했을 많은 난민들이 있다. 한국에 들어오는 난민, 들어오고 싶어 하는 난민도 모두 우리라고 생각해보면 어떨까. 나아가 인도 모퉁이 한 지역에 사는 난민도 '우리'라 생각해보자. 그들을 우리라 여기지 않고 더불어 잘 살아야 한다는 생각과 노력을 하지 않는다면 우리는 '영혼이 없는 국민'이 될 뿐이다.

인권전문가는
국익에 초연할 수 있을까?

_____ 나는 2014년부터 유엔의 독립적 인권전문가independent human rights expert 로 일해오고 있다. 6년은 유엔인권이사회 자문위원회 위원으로, 그 뒤로는 유엔시민적·정치적권리위원회UN Human Rights Committee 위원으로 활동해왔다.

독립적 인권전문가란 말 그대로 인권 분야의 전문성을 인정해 유엔 회원국이 선임한 사람들이다. 이들을 유엔에 추천하는 것은 출신 국가이지만, 일단 선임되면 사익은 물론 국익을 초월해 세계 인권을 위해 독립적으로 활동한다. 독립전문가로 선임되면 이에 대한 다짐을 하고 중립적 판단을 하는 중책을 맡게 된다.

그렇다면 독립적 인권전문가는 정말 중립적으로 행동할까? 전 세계에서 모인 이들은 과연 얼마나 국익과 무관하게 활동하며, 사익을 초월해 이타적으로 행동할까?

2014년 유엔인권이사회 위원으로 첫 회의에 참석할 때의 설렘을 잊을 수 없다. 1989년 미국 유학 시절 인턴으로 4개월간 제네바의 유엔본부에서 일한 적이 있는데, 그때 공부를 마치면 반드시 돌아와 그곳에서 일하겠다고 다짐했었다. 당시에는 그 꿈을 이루지 못했는데, 25년 만에 제네바로 가게 된 것이다.

자문위원회는 인권이사회로부터 위임을 받아 필요한 연구를 수행하는 기관으로 일종의 싱크탱크 역할을 한다. 자문위원은 18명으로, 유엔이 정한 기준에 따라 아프리카 5명, 아시아·태평양 5명, 서유럽 3명, 동유럽 2명, 중남미 3명으로 배분된다. 서유럽과 동유럽이 구분된 것을 보면 아직도 냉전의 잔재가 남아 있는 듯하다.

이들 중 다시 대륙별로 한 명씩 총 5명을 선출해 개인진정실무그룹Working Group on Communications을 구성한다. 연구 성격이 짙은 자문위원회와 달리 개인진정실무그룹은 개인이 제출한 진정사건을 직접 심사하고 해당 국가에 권고하는 역할을 맡는다. 나는 좀 더 직접적인 실무를 해보고자 이 실무그룹에 꼭 진출하고 싶었다.

실무그룹 선출은 원칙적으로 전체 위원의 투표로 이루어지지만, 대개는 각 지역 위원들의 합의로 결정되는 것이 관례다. 첫해에 참석해 상황을 살펴보니 아시아·태평양 실무그룹은 중국 위원이 강력한 의지를 보이고 있었다. 신입인 내가 나서기는 어려워 보였다.

그런데 다음 세션에 상황이 갑자기 바뀌었다. 무슨 이유인지 그 중국 위원이 실무그룹에서 활동한 지 1년 만에 사표를 제출한 것이다. 졸지에 실무그룹 자리가 공석이 되었다. 나는 그 기회를 놓치지 않고 그날부터 분주히 움직였다. 먼저 사임하는 중국 위원을 찾아가 실무그룹 후임으로 일하고 싶다고 했다. 그는 흔쾌히 지원을 약속했다. 다음으로는 국제법 학자이자 매우 합리적 성향인 일본 위원의 협조를 얻었다. 파키스탄 위원에게도 이야기해서 지원을 약속받고, 마지막으로 그해 처음 선출된 사우디아라비아 위원에게 실무그룹에 대해 자세히 설명해주면서 구두로 지원 약속을 받았다. 이렇게 해서 나는 투표 없이 선출될 것이라 믿었다.

그런데 선출일 전날 예상 밖의 일이 벌어졌다. 사우디아라비아 위원 본인이 실무그룹에 진출하겠다고 한 것이다. 이유를 물으니 '정부의 요청'이 있어서 어쩔 수 없다며 오히려 나에게 도와달라고 했다.

이해하기 어려웠다. 개인적인 약속을 저버린 것도 그렇지만, 독립전문가로서 국익을 초월해 일해야 할 의무가 있는데 정부의 요청에 맞춰 움직이다니. 나는 4명의 위원에게 다음 날 회의 시작 전에 만나자고 제안했다.

다음 날 오전 8시, 모두 작은 회의실에 모였다. 각자 의견을 물었다. 일본 위원은 나를, 중국 위원과 파키스탄 위원은 사우디아라비아 위원을 지지했다. 2대 3으로 기운 것이다. 중국 위원과 파키스탄 위원도 사우디 정부의 부탁을 받고 나와의 약속을 어긴 것일까? 곧이곧대로 수긍하기 어려웠다.

과반수로 결정하자는 중국 위원의 요청이 있었다. 하지만 규정을 찾아보니 지역 내 위원들 사이에서 합의가 이루어지지 않을 때에는 지역 내 위원들의 투표가 아니라 전체 회의에서 18명이 투표를 하고 과반수로 결정해야 했다. 나는 양보하지 않기로 했고, 전체 투표가 진행되었다. 결과는 14대 4. 사우디아라비아, 중국, 파키스탄, 그리고 또 다른 한 명 외에는 모두가 나를 지지해준 것이다.

유엔의 독립전문가들은 저마다 각국에서 인권 분야의 전문성을 인정받은 사람들이다. 그렇다고 그들이 완전히 독립적으로 행동하지는 않는다. 각자의 경험과 관행에 따라 간혹 무리한 의견을 제시하기도 하고, 자기 나라에 유리하도록 편향된 의견을 주장하기도 한다.

그럼에도 다양한 배경의 전문가들이 모여 합의를 도출하는 과정은 대부분 합당하고, 결정은 현명하다. 어쩔 수 없이 자기가 속한 국가를 대변하기도 하지만 자신이 독립적 활동가라는 사실을 언제나 잊지 않으며 맡은 역할에 최선을 다하는 듯하다.

자문위원회에서 활동하는 6년 동안 다양한 연구를 수행했다. 그중 하나를 소개하고자 한다. 한 번은 유엔인권이사회로부터 '불법자금의 본국비송환Non-repatriation of illicit financial flows'이 인권에 미치는 영향에 관한 연구를 요청받은 적이 있다. 개발도상국에서 선진국으로 불법적으로 이전된 자금 때문에 개발도상국 국민이 인권침해를 겪는다면 어떻게 대처해야 하는지에 관한 연구였다.

여기서 말하는 불법자금이란 부패정부의 세금탈루, 자금세탁, 밀수, 뇌물, 마약거래, 테러지원 등에서 나온 자금을 포함한다. 이런 성격의 돈이 2015년에만 1조 달러, 한화로 1000조 원이 넘었다. 2006~12년 사이 OECD 국가에서 개도국으로 송환된 자금은 1.6% 남짓이다.[11] 심지어 높은 경제력과 상대적으로 청렴한 정치 시스템을 자부하는 OECD 회원국 중 다수가 기업 및 신탁 소유권의 투명성이 매우 낮고 외국에서 범죄를 저지르는 뇌물사범을 적절히 기소하지 않아 불법자금 문제를 악화시키고 있다.[12]

자문위 위원이라면 이런 사안에 인권에 기반한 접근법으로 비슷한 의견을 낼 것 같지만, 실제로는 상당히 다른 경우가 많고 격렬히 충돌하기도 한다. 개인의 견해가 다른 경우도 있고, 자기 나라의 입장을 반영할 때도 없지 않다.

불법자금에 관해서도 각기 다른 의견이 첨예하게 맞섰다. 기본적으로 불법자금을 송환하는 사안이 인권문제와 어떻게 연결될 수 있는지에 대해서도 이견이 있었고, 그와 별개로 자금을 무조건 송환하는 것이 타당한지에 대해서도 의견이 갈렸다. 개도국 입장에서는 해당 자금의 액수가 워낙 크고 그것이 송환되지 않으면 자국민의 삶이 개선되기 어렵다는 논리를 주장한다. 자금이 송환되어 사용됨으로써 개선될 수 있는 그들의 생명권, 교육권, 건강권 등을 고려한 것이다. 반면 송환을 반대하는 선진국은, 개도국에서 송환자금을 제대로 사용할 조건을 갖추지 않은 이상 송환은 타당하지 않다는 입장이다.

쉽지 않은 주제다. 실제로 이 연구는 뾰족한 결론을 내리지 못한 채 몇 년이나 끌다가 최근에야 마무리되었다. 양쪽 의견을 모두 존중하여 절충안으로 보고서가 나오게 되었다. 그러는 바람에 알맹이 없는 보고서라는 비난도 받았다.

하지만 시간이 걸렸더라도 전문가들의 합의에 따라 보고서가 만들어졌다는 데에는 큰 의미가 있다. 보고서를 작성하는 과정에서 불법자금 송출이 본국의 빈곤을 초래하고 그 여파로 다양한 경제권과 사회권 침해가 생길 가능성을 논의한 것이 큰 성과다. 보고서가 나오기 전에는 불법자금 비송환과 인권침해의 관계에 관한 연구가 이뤄진 적조차 없었기 때문이다.

더불어 다양한 이해관계자들이 어떻게 협력하여 이 문제를 해결해야 할지 방향성을 제시한 데에도 큰 의의가 있다고 생각한다. 세계 각국에서 모인 위원들은 전문가이지만 개인이기도 하고 국민이기도 하다. 이들이 모든 일에 독립적이고 중립적으로 행동할 거라는 기대가 순진한지는 모르지만, 적어도 더 나은 세상을 만들기 위해 집단지성으로 최선의 결과를 도출해내고 있다고 생각했다. 이렇게 인권은 진보하고 진화한다. 더디지만 멈춤 없이.

유엔에서
인권을 개선하는 방식

_____ 개인진정실무그룹의 위원으로 선출되고 첫 회의에 참석했다. 위원은 5명밖에 안 되지만 10명이 넘는 동시통역사, 유엔인권최고대표사무소Office of the United Nations High Commissioner for Human Rights, OHCHR의 비서진 그리고 인턴들이 자리를 꽉 메우고 있었다. 압박감이 밀려왔다.

유엔인권이사회의 개인진정제도는 개인의 인권침해가 국내에서 해결되지 않을 때 개인이 유엔에 직접 청원할 수 있는 제도다. 인권이사회에서 일하기 전에는 나도 이 제도에 대해 자세히 모르고 있었으니, 대부분의 독자 여러분도 처음 들어볼 것 같다.

인권이사회의 개인진정제도에는 진정실무그룹과 상황실무그룹 Working Group on Situations이 있다. 진정실무그룹은 전문가 5명이 개인 자격으로 진정의 인권침해 여부를 심사하는 모임이고, 상황실무그룹은 5개국의 대사들로 구성돼 진정실무그룹의 의견을 검토하는 역할을 한다. 전자가 상대적으로 전문적인 모임이라면 후자는 정치적인 모임이라 볼 수 있겠다.

긴장 속에 첫 회의가 시작되었다. 저마다 다양한 언어가 오가는 회의장에서 모국어로 발언하지 않는 위원은 나 혼자였다. 사전 모임에서 의장과 유엔인권최고대표사무소의 비서진이 회의 절차와 진행방식에 대해 자세히 설명해주었지만 어리둥절함과 긴장 속에 하루가 정신없이 지나갔다.

그날을 시작으로 4년간 진정실무그룹에서 일했다. 특히 2017~19년 2년간은 의장으로 임무를 수행했다. 에티오피아 위원이 의장에서 물러나며 나를 적극 추천하여 후임이 된 것이다.

의장은 세계 각지에서 들어오는 연간 수천 건의 진정을 검토해서 수용 가능admissibility 여부를 판단하는 역할을 하고 회의를 주재한다. 수용 가능해 보이는 진정을 10개가량 선별해 위원들이 함께 검토하고 토론해서, 심각한 인권침해가 있다고 판단되면 다음 단계인 상황실무그룹으로 올린다. 상황실무그룹에서도 같은 판단을 하면 인권이사회에 올려 공개적으로 해당 문제를 다루게 된다. 그전까지 진정실무그룹의 활동은 모두 비공개로 진행된다.

인권이사회는 국내의 법적 절차로는 해결 가능성이 없는 체계적인 인권침해만 수용한다. 즉 단발적인 인권침해는 다루지 않고, 국내에서 법적 절차를 밟고 있거나 국내 구제절차가 가능해도 받아들이지 않는다. 이러한 조건을 충족하는 경우가 그리 많지는 않지만, 최종적으로 수용되는 차별, 고문, 종교자유의 박탈 등의 인권침해 사례는 대부분 매우 심각하다.

몇 년 전 중동지역 국가의 소수자 억압과 고문에 관한 진정을 다룬 적이 있다. 당시 5명의 위원은 각각 오스트리아, 러시아, 에티오피아, 아르헨티나 그리고 대한민국 출신이었다. 러시아 위원은 보수적인 성향이 강했고, 아르헨티나 위원은 진보적이었다. 모든 사안에 대해 러시아 위원은 정부의 입장에서, 아르헨티나 위원은 피해자 입장에서 보는 경향이 있었다. 사안마다 늘 언쟁이 벌어졌고, 합의에 이르기도 무척 어려웠다. 그래도 다행히 당시 위원장인 에티오피아 위원의 소통능력이 워낙 뛰어나고 합의를 잘 이끌어내, 대부분의 경우 논의를 거쳐 만장일치로 결정을 내리곤 했다. 나는 그에게서 많은 것을 배울 수 있었다.

한 번은 회의에서 러시아 위원이 "진정을 낸 시민단체는 테러리스트의 자금을 받는 곳으로, 정치적 의도가 담긴 진정이므로 심의 대상이 될 수 없다"라고 주장했다. 깜짝 놀랄 발언이었다. 개인 진정이 정치적 의도가 있다고 판단할 때 우리는 그 진정을 원칙적으로 인정하지 않는다. 바로 검색을 해보니 그 단체에서 일했던 인턴 한 명이 이슬람 극단주의 무장세력인 IS ^{Islamic State}에 가담했다는 소문이 돈다는 정도는 찾아낼 수 있었다. 하지만 그 외에는 상당히 신뢰할 만한 시민단체였고, 그런 이유로 진정을 기각하는 것은 옳지 않다는 판단이 들었다.

　합의를 도출하는 과정은 지난했다. 1시간, 2시간… 하루 종일 토론하고도 끝나지 않았다. 같은 얘기를 하고 또 하고, 모두 인내심의 한계에 이르렀다. 그런데도 위원들은 지치지 않고 자신의 견해를 진지하고 정교하게 말했다. 위원장은 더욱 침착하게 모두의 의견을 존중해가며 합의점을 찾으려 노력했다.

　며칠에 걸친 숙고 끝에 우리는 이 사건을 보류하고 더 자세한 정보를 구해서 다음 회기에 논의를 재개하기로 했다. 위원장이 안건으로 올린 사건은 다음 단계로 올라가거나 기각되거나 보류되는 3가지 중 하나로 결정된다. 이 진정은 결국 다음 세션에서 인권침해로 수용돼 상황실무그룹으로 넘겨졌다.

인권문제는 뚜렷한 정답을 찾기 어려운 경우가 많다. 모두 생각이 다르고 판단도 다르다. 세계적인 전문가라고 의견이 일치하는 것도 아니다. 그런데 우리는 유엔이나 국가인권위원회가 인권에 대한 '정답'을 내리는 것처럼 여기곤 한다. 전문가들의 토론을 통해 얻어낸 결정이 중요한 잣대가 되기는 하지만 결코 정답은 아니다. 이러한 권고가 중요한 기준이 되지만 법적 구속력도 없다.

유엔만 해도 개인진정절차를 통해 인권이사회가 최종적으로 판단을 내리고 행동을 취한 경우는 지난 14년간 6건에 불과하다. 그것도 대부분 권고 또는 기술적 협력으로 마무리되었다. 이 때문에 이런 제도가 무슨 소용이 있느냐는 회의적 시각도 많다. 유엔의 역할에 대한 회의론이 많지만, 그중에서도 유엔이 인권증진에 실질적으로 도움이 되는지에 대한 의구심이 유독 널리 퍼진 것 같다. 특히 미국이나 중국 같은 강대국의 이해관계가 얽힌 인권문제에 유엔이 목소리를 크게 낼 수 있겠냐는 의문이 자주 제기된다.

하지만 나는 4년간 이 과정에 참여하면서 유엔의 역할에 대해 희망을 보았다. 인권을 하루아침에 개선할 수는 없다. 인권은 오랜 시간 사람들의 뜻이 모여 증진된다. 이 과정에서 유엔은 불쏘시개 역할을 하는 셈이다.

진정이 들어오면 위원들은 해당 국가들과 서신 또는 이메일을 통해 소통한다. 해당 진정에 대한 국가의 입장과 대처방식 등에 대해 그들의 의견을 듣는다. 이것은 비공개 과정이기 때문에 당사국도 매우 협조적이다. 공식과정으로 가기 전에 해결하는 편이 인권 침해 가해자로 진정 대상이 되는 것보다 여러모로 낫기 때문이다. 체감상 90% 이상은 실무그룹의 요구에 적극적으로 반응하는 듯하다. 이것이 그저 사안을 드러내지 않으려는 무마의 몸짓일 뿐일까. 이러한 과정을 통해 인권에 대한 해당 정부의 인식이 변화하고, 선제적 대비를 하면서 조금씩 인권개선이 일어나는 것이다. 실제로 이런 노력을 통해 인권은 계속 진화하고, 인권제도도 계속 발전하고 있다.

2019년, 진정실무그룹 의장 자격으로 인권이사회 개혁을 위한 패널에서 개인진정절차의 개선방향에 대해 발표할 기회가 있었다. 국제사회의 인권보호와 증진을 위해 이 제도를 더욱 홍보하고 전문가 위원들의 역할을 증대해야 한다는 내용이었는데, 이것이 출간돼 주목받기도 했다. 이런 제도가 있다는 것이 널리 알려져 유엔의 인권개선 노력에 대해 사회적 관심이 커지고, 궁극적으로 전문가들의 제안 외에 시민사회 및 학생들의 창의적인 개선책이 많이 나왔으면 한다. 그렇게 하다 보면 언젠가는 오늘날 유엔이 경제, 정치, 환경 문제에 미치는 파급력 못지않은 실질적 영향력을 인권문제에서도 발휘하게 되지 않을까 하고 기대해본다.

그래도 인권은
나아지고 있다

_____ 2020년 9월 팬데믹이 지구를 뒤덮고 있을 때, 뉴욕의 유엔본부에서 선거가 있었다. 유엔 인권조약기구의 하나인 시민적·정치적권리위원회(자유권위원회)의 위원을 뽑는 선거였다. 원래 6월이 선거였는데 한 차례 연기되었고 팬데믹 상황에 대면 선거를 해야 하는지 논란도 있었으나, 철저한 방역 속에 선거가 강행되었다. 나는 이때 선출돼 2021년 1월부터 위원으로 활동하고 있다.

자유권위원회의 주요 업무는 크게 두 가지로, 하나는 규약에 가입한 국가들의 전반적인 인권상황을 4~5년마다 심사하는 것이고, 다른 하나는 그 나라로부터 인권침해를 겪은 국민이 정부를 상대로 진정을 제기하면 위원들이 개별적으로 심사해 중재하는 것이다. 위원회가 개최되는 동안 위원들이 하는 일의 거의 절반은 이 개인진정을 검토하는 것이다.

자유권위원회는 가장 오래된 유엔의 인권기구로서 개인진정제도가 잘 발달해 있다. 개인진정절차 이용률은 조약별로 편차가 큰데, 가장 많은 진정을 받는 곳이 바로 자유권위원회다. 1976년 설립 이래 2020년 1월까지 1900여 건의 진정을 심사해 그중 약 900건이 인권침해로 결정이 났고 약 200건은 침해가 아닌 것으로, 그리고 약 700건은 심리부적격으로 각하되었다. 그다음으로 진정이 많은 위원회는 고문방지위원회로 400여 건을 심사해 약 130건이 인권침해, 약 200건이 침해가 아닌 것으로 결정되었고, 나머지는 각하되었다.

자유권위원회의 개인진정절차는 앞에서 설명한 인권이사회의 그것과는 약간 차이가 있다. 이사회의 절차는 모든 유엔 회원국을 대상으로 하지만 자유권위원회의 절차는 유엔 인권조약을 비준한 국가 중에서도 선택의정서를 비준한 국가들만 해당된다. 선택의정서는 정부가 자국민의 개인진정을 받겠다고 위원회와 약속하는 것이다. 그만큼 구속력도 훨씬 강하다. 단, 인권침해로 볼 수 있는 근거가 정부가 비준한 조약에 포함되어 있어야 한다. 조약에 나와 있지 않은 내용을 자의적으로 인권침해라 해석해 진정을 낼수는 없다는 뜻이다.

오늘날 개인진정을 허락하는 인권조약은 여성인권, 아동인권, 장애인권, 이주민인권 등 주제별로 9가지다. 한국은 지금까지 자유권규약(1990), 인종차별철폐협약(1997), 여성차별철폐협약(2006), 고문방지협약(2007)의 개인진정제도를 수락하였다.

흥미로운 사실은 2020년 1월까지 100건 이상의 진정을 받은 국가들의 면면이다. 자메이카(159건), 대한민국(126건), 캐나다(122건), 스페인(114건), 벨라루스(111건), 이렇게 5개 나라다. 여기서 잠깐, 뭔가 이상하지 않은가? 다수가 생각하는 최악의 반인권국가들이 빠져 있다. 그러나 생각해보면 이유는 단순하다. 우리가 떠올리는 인권침해국가들은 애초에 개인진정을 수락하는 선택의정서를 비준하지 않았거나, 비준했더라도 많은 진정을 받지 않기 때문이다.

캐나다와 스페인은 진정 수는 많으나 침해로 결정되는 비율은 20% 이하로 매우 낮다. 캐나다와 스페인 국민의 기준에는 '인권침해'라 여겨 진정했지만 국제인권법의 잣대로는 아닌 경우가 많았던 까닭이다. 반면 한국과 벨라루스는 진정한 사안의 85% 이상이 인권침해로 결정 났다. 자메이카도 비슷했다. 이 또한 이상하다. 이 세 나라가 인권침해 진정도 많고 결론도 그렇게 날 만큼 인권침해가 심각했던가? 우리나라가?

한국과 벨라루스, 자메이카, 이 세 국가가 받은 개인진정의 90% 이상은 비슷한 사건의 반복이었다. 한국의 경우 양심적 병역거부가 115건, 벨라루스는 표현권과 결사권 관련이 103건, 자메이카는 사형수로 5년 이상 열악한 수감환경에 놓인 재소자들의 '잔혹한, 비인도적 또는 굴욕적 대우나 처벌을 받지 않을 권리' 침해 관련 진정이 112건이었다. 특정 인권을 증진하기 위해 개인진정제도를 전략적으로 활용한 정황이 엿보인다.

이렇게 집단으로 진정을 넣어 문제가 해결되었을까? 결과가 흥미롭다.

1980년대 자메이카는 살인을 저지른 범죄자에게 무조건 사형을 선고하는 의무사형제mandatory death penalty를 시행했다. 이에 사형철폐운동에 뜻을 모은 런던 로펌 소속 변호사들이 유엔 개인진정제도를 이용해 자메이카, 트리니다드토바고, 가이아나 등 카리브해 지역 국가들의 사형제도를 철폐하고자 조직적으로 움직였다. 그들은 사형선고를 받고 열악한 환경에서 집행일도 모른 채 하염없이 수감되는 것은 인권침해라는 주장을 폈다.

더불어 이들은 영국의 추밀원Privy Council 제도를 이용해 자메이카 정부를 압박하고자 했다. 중고등학교 역사 교과서에 나오는 추밀원 제도를 기억하는가. 영국의 식민지였던 국가들은 정치적 독립은 했지만 사법적 독립을 이루지 못하고 제도적으로 영국 추밀원이 국가의 최고법원 역할을 한다. 예컨대 자메이카 내 최고법원에서 승소한 사건이라도 영국 추밀원으로 넘어가 결정이 바뀌면 자메이카 법원의 결정은 뒤집히게 된다.

이 진정에 대해 유엔자유권위원회는 자메이카 정부의 인권침해를 인정했다. 그 결과 100명이 넘는 사형수가 추밀원 제도를 통해 사면 또는 형기 감면을 받게 되었다.

자, 이제 자메이카 국민들의 입장이 되어 생각해보자. 치솟는 마약범죄 및 살인사건으로 자메이카 사람들의 불안은 점점 높아지고 있었다. 그런 와중에 외국에서, 그것도 전 식민통치 국가에서 온 변호사들이 살인죄로 수감된 사형수들의 인권을 보장하라며 추밀원과 유엔을 동원해 사형수들을 사면시켰으니 자메이카 내부 여론이 어땠을까?

사람들은 즉각 거리로 나와 격렬한 시위를 벌였다. 유엔이 뭐라든 인권이 어떻든 자메이카 국민은 사형제도의 존치를 강력히 희망했다. 국민의 분노에 놀란 자메이카 정부는 개인진정제도를 수락한 유엔자유권위원회의 선택의정서를 아예 철회해버렸다. 이제 다시는 자메이카 국민이 정부를 상대로 개인진정을 낼 수 없게 된 것이다.

광장에서 3명이 동시에 박수만 쳐도 잡아간다는 유럽 최악의 표현권 침해국가인 벨라루스의 개인진정은 아니나 다를까, 대부분 표현권과 결사권 침해에 관련된 사안이다. 인권활동가들이 거리에서 인권옹호 활동을 하다 경찰 등 공권력의 제재를 받게 되어 청원하는 내용이 대부분이다. 1994년 이래 지속된 루카셴코 독재 정권하에서도 자유를 향한 몸부림은 계속되고 있다. 개인진정제도를 활용한 벨라루스의 인권활동 추이는 앞으로 주시해볼 필요가 있다. 그 과정에서 큰 희생이 없길 바랄 뿐이다.

한국에도 개인진정제도를 활용한 중요한 사례가 있다.

캐나다 온타리오에 '글렌 하우 앤 어소시에이츠'라는 로펌이 있다. 글렌 하우Glen How가 1941년 여호와의증인이 되고 난 뒤 신도들의 시민권 운동을 위해 활동하다 세운 로펌이다. 이 로펌에 안드레 카보노Andre Carbonneau라는 변호사가 있다. 우리나라에 수감 중인 100인의 병역거부자를 대리한 변호사가 바로 안드레 카보노다. 그는 한국뿐 아니라 프랑스, 터키, 러시아, 스리랑카 등에서도 양심수 관련 진정을 제출했다.

여호와의증인이 인권재판소를 적극적으로 활용하기 시작한 건 1980년대부터다. 이들이 2017년까지 유럽인권재판소에 제소한 개인청원은 256건에 달한다. 주로 대상이 된 나라는 중부 및 동유럽국가이며 진정 내용은 양심적 병역거부, 선교활동 등 종교적 차별에서 발생한 폭력, 검열 등이다.

2007년 안드레 카보노는 이하나 변호사와 공동으로 양심적 병역거부로 18개월 형을 선고받은 388인을 대리해 또다시 개인진정을 제소했다. 이 건은 단일 건으로 접수되었는데, 만약 각기 접수되었더라면 한국 정부가 받은 개인진정은 500건을 넘어 몇 년은 어느 나라도 넘볼 수 없는 기록을 세웠을지도 모른다.

이들의 노력 때문일까. 한국은 2018년 11월 1일 양심에 따른 병역거부 사건에 무죄를 선고하며 대체복무제 입법을 서둘렀다. 물론 서두른다고 즉시 해결되는 문제는 아니다. 아직 수감 중인 양심수가 240여 명에 달하고, 매년 500명이 넘는 양심적 병역거부자가 나온다고 한다.

이렇듯 인권의 체감온도는 각국의 정치적, 경제적, 사회적 상황에 따라 다르다. 국가의 정치변동에 따라 침해되는 인권의 종류가 달라지기도 한다. 인권의 보편성이 아무리 강조되어도 문화적, 종교적 이유로 사회적 공감대가 형성되지 않은 경우도 많다. 우리나라에서는 동성결혼 합법화 등이 단적인 예다. 그럼에도 개인진정 제도 등을 통해 대체복무제 논의가 진전되는 등 세계의 인권은 저마다 조금씩 나아지고 있음이 분명하다면 과대평가일까.

인권옹호와
내정간섭 사이

_____ 최근 미국과 중국의 대립이 심상치 않다. 인권 분야에서도 마찬가지다.

유엔인권이사회를 '반反 이스라엘 성향'이라 비판하며 2018년 탈퇴했던 미국이 3년 반 만에 이사회 복귀를 발표했다. 복귀 일성은 '중국의 인권문제를 먼저 다루겠다'는 것이었다. 인권문제를 다루는 유엔총회 제3위원회에서는 미국을 비롯해 프랑스 등 서방국가 43개국이 모여 중국 정부의 신장 위구르족 인권탄압 등을 비판하는 성명을 발표하기도 했다.

서방국가의 성명에 쿠바 등 62개국은 중국을 옹호하는 맞불

성명을 내고 서방국의 중국 내정간섭을 반대한다고 밝혔다. 장쥔 유엔주재 중국 대사는 80개 이상의 나라가 공동성명에서 중국을 지지했다며, 미국은 중국의 인권문제를 빌미로 헐뜯고자 했지만 실패했다고 주장했다. 이에 앞서 중국은 2021년 3월 유엔인권이사회에서 북한, 러시아를 포함한 15개국을 모아 '유엔 헌장을 수호하는 지지 그룹Group of Friends in Defense of the Charter of the United Nations'을 결성하기도 했다. 일부 서방국가의 일방적인 강제조치가 자국의 인권을 엄중히 침해한다고 비판하면서, 무력보다는 다자주의와 외교를 통해 문제를 해결하자고 주장했다. 일방적 강제조치는 국제법 위반이며 국가 주권과 내정을 간섭하는 행위로, 제재를 받는 국가는 경제발전을 방해받아 국민 복지에 손해를 입으며 기본적 인권을 침해당한다고 강조했다.

흥미로운 사실은 미국과 중국 모두 '인권존중'을 내세웠다는 것이다.

민주주의를 하자고 하고, 무력을 사용하지 말자고 하는데 인권 측면에서 반대할 사람은 없다. 그런데 인권단체들은 양 진영 모두 신뢰성에 의문이 든다고 한다. 인권을 위해서라기보다는 정치적 의도가 있는 행동으로 보기 때문이다.

중국이 이렇게 인권에 대해 목소리를 낸 것은 오래되지 않았다.

2005년 일본에서 개최된 인간안보Human Security 회의에 참석한 적이 있다. 국제정치에서 안보는 전통적으로 국가가 책임지는 것으로 여겨졌고, 국가의 안보를 지키는 것이 그간 안보 논의의 핵심이었다. 그러다 2000년대 초반부터 보호의 주체가 인간이어야 한다는 것으로 개념이 확장되었다. 일본이 유엔안전보장이사회 상임이사국에 진출하려는 포부를 가지고 새로운 개념에 선도적 역할을 하고자 노력할 때였다.

'인간안보' 개념은 근본적으로 인권의 보호 및 증진과 밀접한 관계가 있다. 평소 아시아 인권보호체제 수립에 관심이 있고, 이러한 노력이 아래로부터 이루어져야 한다고 생각하던 나에게 이 회의는 좋은 기회였다. 나의 견해를 밝히고 아시아 각국의 학자들과 소통하고 방법을 모색하고 싶었다.

그때만 해도 중국은 인간human이라는 단어를 서구가 주도하는 제국주의적 용어로 여겨 사용하기를 꺼렸다. 그래서 인간안보 대신 중국은 '비전통안보non-traditional security'라는 표현을 선호했다.

그러나 오늘날의 중국은 과거와 확연히 달라져, 유엔인권이사회를 비롯해 많은 인권기구에서 맹활약하고 있다. 인권이라는 단어도 거리낌없이 사용하면서 많은 저개발국에 리더십을 발휘하고 있다. 인권에 대한 자기들의 접근법이 서구사회보다 우월하다고 홍보한다. 실제로 인권이사회에는 중국이 주도한 결의안 수가 점차 늘고 있다.

그렇다면 중국이 말하는 인권은 서구에서 말하는 인권과 어떠한 차이가 있을까.

서구에서의 인권은 전통적으로 사회권economic, social, cultural rights 보다는 자유권civil and political rights에, 집단의 권리collective rights 보다는 개인의 권리individual rights에 중점을 두었다. 중국은 정반대다. 사회권과 집단권을 강조해왔다. 그래서 미국은 아직도 유엔사회권규약을 비준하지 않았고, 중국은 유엔자유권규약을 비준하지 않았다.

또 중국은 인권에 관해 상호주의를 강조한다. 내정간섭을 하지 않는 국제사회의 주권주의를 존중하자는 얘기다. 자기네 내부 인권문제를 거론하지 말라는 뜻이기도 하다. 자유권을 내세워 제동을 거는 서구국가에 비해 중국의 이러한 접근이 독재국가들에는 더 반가울 것이다.

또 하나의 차이는 서구에서 개인권을 강조하는 데 비해 중국은 연대권을 더 강조한다는 것이다.

인권의 두 기둥은 자유권과 사회권이다. 냉전 시기에 어느 것이 더 중요한가에 대해 의견 충돌이 있었으나 유엔을 중심으로 한 국제인권규범은 이 둘은 상호의존적이고 불가분의 권리로서 동등하게 존중받아야 한다는 것을 명백히 밝혀왔고, 국제사회도 일반적으로 이를 널리 인정하고 있다.

이와 달리 개인권과 연대권에 대해서는 완전한 합의가 이루어지지 않았다. 그간 국제인권규범은 연대권보다는 개인권을 중심으로 발전해왔다. 자유권과 사회권 또한 서구의 전통적 인권관을 토대로 하는 만큼 개인의 권리, 즉 개개인이 인간다운 삶을 사는 데 필요한 조건이라는 점에 무게중심을 두고 있다.

반면 연대권은 문화적 정체성을 보존하기 위한 도덕적 권리를 인정하는 견해로, 집단은 개개인의 이익으로 축소될 수 없는 집단 그 자체의 이익을 가진다고 본다. 자유권과 사회권이 인권의 주체를 개인individual에 국한하는 반면 연대권은 집단으로서의 인민peoples도 인권의 주체로 상정한다. 그럼으로써 지구촌 차원의 구조적 문제를 적극적으로 해결하려는 시도에서 나타난 개념이 연대권이라 할 수 있다.

최근 중국이 국제사회에서 위상을 높여가면서 서구에 대항하는 논리로 집단권과 연대권을 내세워 대립각을 세우는 양상이고, 정치적 이해관계에 따라 다른 나라의 입장이 나뉘기도 한다. 그러나 정치적 이해관계를 떠나 연대권의 필요성 자체를 진지하게 생각해볼 필요가 있다. 자유권과 사회권이 아우르지 못하는 발전권, 평화권, 환경권과 같은 집단의 권리를 연대권이 보장할 수 있다는 점에서 특히 그렇다. 이는 개별 국가 차원에서 해결할 수 없는 국제적 불평등을 해결하기 위한 시도 속에 발전된 개념으로, 국가에 대한 개인의 권리를 중시하는 1, 2세대 인권과 구분해 3세대 인권으로도 불린다.

연대권이 주목받게 된 근본적인 이유는 구조적 차별과 불이익을 받는 취약계층이 늘어나고, 전 지구적 불평등이 증가했기 때문이다. 개인의 자유가 획득되면 평등과 평화가 실현될 것이라는 자유주의 이상과 달리 지구사회는 불평등과 차별이 증가했다. 이제는 임계점에 도달해 개인에게 기회의 평등이 사라지고, 개인의 자유를 추구하기 어려운 지경이 되었다.

그러나 연대권의 필요성에 비해 제도적 발전은 더딘 편이다. 연대권이 연성법 이상으로 법적 구속력을 갖추고 이행되기 위해 해결해야 할 몇 가지 딜레마가 있다. 예컨대 집단의 인권과 그 집단을 구성하는 일부 개인의 인권이 상충할 때 집단의 인권을 우선시하는 근거로 연대권이 남용되어서는 안 된다. 집단의 권리와 구성원 개인의 인권이 동시에 존중되는 교집합에 대한 합의가 이루어질 때에만 연대권이 실효성 있게 작동될 수 있다.

각국의 이해관계도 배제할 수 없다. 일례로 연대권 중 가장 대표적인 발전권을 보자. 발전권은 유엔 헌장에도 국가의 의무로 규정되어 있으나, 1986년이 돼서야 유엔총회 결의안(41/128)을 통해 승인되고 발전되었다. 그러고도 논의는 여전히 현재 진행형이다. 서구 선진국들은 발전권이 개도국에 대한 자신들의 경제적 지원을 의무화하는 시도라고 해석하는 터라 여전히 선진국과 개도국의 의견 차이가 좁혀지지 않고 있다.

　국제관계에서 국익을 위해 보편적 가치에 반하는 결정을 할 때가 있다. 문제는 인권에 관한 정책도 그러한 경향이 없지 않다는 것이다. 인권을 둘러싼 국제사회의 논쟁은 우리에게도 선택을 요구한다. 특히 우리나라는 외교정책에서 이른바 '민족이냐, 동맹이냐'의 기로에 설 때가 적지 않다. 북한과 미국이 갈등을 빚을 때 국제사회는 우리에게 누구 편에 설 것인지 묻곤 한다. 이를 두고 우리끼리도 입씨름을 한다. 미국이라는 동맹과 북한이라는 한민족 사이에서 우리의 외교적 입지는 항상 조심스럽다. 앞서 말한 신장 위구르족 인권탄압 갈등에서도 우리 정부는 중국을 비판하는 공개서한에도, 이에 반박하는 성명에도 서명하지 않았다.
　그러나 인권은 정치나 외교의 알리바이가 될 수 없다. 인권이 다른 나라의 내정을 간섭하거나 세력 경쟁을 하는 구실로 오용되어서는 안 된다. 인권의 보편성에는 국경이 없다. 인권문제는 전방위적으로 이해관계를 초월하여 제기되어야 한다. 특히 국력이 세계 10위권인 대한민국은 이제 '민족이냐, 동맹이냐'는 식의 허구적 이분법에 빠져 있을 때가 아니다. 이제는 경제력에 걸맞은 지구촌의 리더로서 위상을 갖추어가야 하며, 인권에서도 균형 잡힌 접근이 필요하다.

1993년 비엔나 인권선언 및 행동계획Vienna Declaration and Programme of Action이 모든 인권은 상호의존적이고 상호연관되어 있다는 대원칙을 확인한 바와 같이, 연대권을 비롯한 모든 인권은 동등하다. 어느 한 권리를 위해 다른 권리를 희생할 경우, 두 권리 모두 온전하게 성취될 수 없다.

개인권과 연대권을 위계적 관계가 아닌 상호보완적 관계로 볼 때만이 국가 중심의 인권 담론이 가지는 한계를 넘어 개인과 집단을 모두 권리의 주체로 상정할 수 있다. 더욱 다양한 이해관계자를 포괄하는 풍부한 인권 담론만이 현재의 제자리걸음을 깨고 새로운 변화와 잠재력을 성취하게 할 것이다.

반일감정과
보편적 인권

_____ 2020 도쿄올림픽은 말도 많고 탈도 많았다. 팬데믹 때문에 개최가 1년 미뤄지는 초유의 사태 속에도 각국 선수들은 차분히 대회를 준비했고, 한국 선수단도 금메달 6개를 획득하는 등 성과를 거두었다. 대회가 미뤄지고 다시 개최돼 마무리되기까지 일본 정부와 관계자들은 하루도 편한 날 없이 속앓이를 했을 것이다. 그리고 어찌됐든 큰 사건사고 없이 치러냈다.

그럼에도 우리 언론이 일본을 칭찬하는 목소리는 과문한 탓인지 거의 접하지 못했다. 대부분 문제점만 보도하기 바빴다.

"가장 많은 적자를 낸 올림픽"이자 "일본 국민이 모두 반대하는 올림픽"이며 "코로나19가 확산된 올림픽"… 도쿄올림픽에 붙은 수식어들이다. 이런 비난이 올림픽이 예정되었던 2020년부터 하루가 멀다 하고 계속되었다. 내가 코로나19로 병원에 있던 2020년 3월 중순만 해도 한국 언론들은 도쿄가 제2의 뉴욕이 될 것이라고 목소리를 높였다. 올림픽 유치를 위해 바이러스 확산을 숨기고 검사도 하지 않는다는 의혹을 그대로 보도했다. 이런 식이면 일본 내 감염이 급속도로 확산돼 머잖아 뉴욕처럼 위험해질 것이라는 예측을 앞다투어 내놓았다.

  집단면역을 의도한 것은 아니지만, 일본은 한국과 같은 검사test, 추적trace, 치료treatment의 체계를 갖추지 않았다. 일본은 한국과 같은 감염예방법이 없기 때문에 정부가 개인정보를 파헤칠 수 있는 법적 근거가 없어 우리처럼 역학조사를 통해 추적하는 것 자체가 불가능하다. 또 문화적인 이유로 환자가 병원을 많이 찾지도 않는다.

  결과적으로 일본의 코로나19는 한국 언론들의 예상만큼 크게 확산되지는 않았다. 당시 한국보다는 확진자가 많았지만, 세계 다른 지역에 비해 방역에 크게 실패했다고 보기는 어렵다. 2021년 11월 23일 블룸버그통신이 공개한 '코로나19 회복력 순위'에 일본은 한국과 함께 모범 방역국으로 소개되기도 했다. 물론 이러한 사실이 한국 언론에 크게 보도되지는 않았다.

팬데믹 속에서도 성공적으로 올림픽을 마친 일본을 칭찬해주는 건 국민정서에 어긋나는 것일까.

일본에 대한 조롱이 이어지던 때, 나는 페이스북에 다음과 같은 글을 올렸다.

"일본의 코로나 사태 대응에 대해 조롱성 보도가 난무한다. 우리나라가 대응을 잘하고 있는 것에 대해 자신감을 가지는 것은 좋고 이웃 나라의 잘못된 정책을 비판할 수도 있지만, 불과 얼마 전에 우리는 중국 다음으로 확진자가 많은 나라였고, 마스크 부족으로 대란을 겪었던 나라다. 이웃 나라에서 조롱하는 것에 대해 우리는 어떤 기분이었나. 나는 그 당시 해외 출장 가서 무시당하고 한국인임을 당당하게 드러내지 못한 경험이 있다. 일본이 현재 어려움을 겪는 것에 대해 이웃으로 공감해주고 그들이 잘하고 있는 부분에 대해 칭찬도 해주고 배우기도 하는 자세를 가지면 어떤가. 불과 몇 달 후 상황이 역전되어 우리가 다시 그 조롱의 대상이 될지도 모른다."

공감해주는 분도 많았지만 비판의 댓글 역시 많았다. 사회 곳곳에 반일감정이 팽배하다. 정부와 언론과 시민이 모두 그러하다.

내가 초등학교에 다니던 1970년대만 해도 우리 사회 곳곳에 일본의 잔재가 많았다. 식민지배에서 해방된 것이 그리 오래된 일이 아니었다. 일본어도 많이 사용했고, 많은 어른이 일본식 교육을 받아 그 방식에 익숙해 있었다. 동시에 식민시대의 치욕이 아직 생생할 때여서 반일감정은 단순한 감정 차원이 아니었다. 일본 물건을 사는 것도 일본 음악이나 영화를 즐기는 것도 아예 금지되었다. 초등학교 시절 소지품 검사에서 일본 물건이 나오면 큰 벌을 받았다.

1965년 박정희 대통령 시절 경제 부흥을 위해 일본과 수교하고 대일 교역을 점차 증진하면서 한일관계도 좋아지는 것처럼 보였다. 그때 나는 커서 어른이 될 즈음에는 반일감정이 과거의 유물이 되리라 생각했다.

1982년 대학생 시절, 미국에서 열린 어린이 여름 마을CISV이라는 캠프에 초등학생 4명을 인솔하여 간 적이 있다. 일본에서도 왔는데, 대표단의 리더가 나를 보자마자 미안하다는 말을 건넸다. 그의 사과는 진심으로 느껴졌고, 우리 대표단 어린이들이 일본 어린이들과 가장 친하게 지내는 것을 보면서 나는 이 아이들이 커서 어른이 될 때쯤엔 한국과 일본의 관계가 좋아질 것이라 믿어 의심치 않았다.

하지만 내 생각은 틀렸다. 지금 느끼기로는 내가 초등학교에 다니던 1970년대보다 지금 우리 국민의 반일감정이 더 맹렬한 것 같다. 물론 최근 몇 년 동안 일본과의 여러 이슈가 정치화되어 더 그렇게 느껴질 수도 있다. 그렇다고는 해도 글로벌 마인드가 강한 젊은 사람들마저 일본에 대해서만은 유독 부정적인 감정을 갖는 이유는 무엇일까.

일본은 침략전쟁을 일으키고 그 과정에서 엄청난 인권침해의 잘못을 저질렀다. 또 독일과 달리 전범戰犯들의 처벌도 제대로 하지 않았고, 그에 대한 반성도 별반 없었다. 명백한 그들의 잘못이다. 그러나 이것이 반일감정의 유일한 원인일까.

우리의 교육에도 원인이 있다고 본다. 우리가 가진 기억은 교육을 통해 이루어지고, 그 기억은 역사책에 어떻게 쓰여 있는가에 따라 달라진다. 우리 교과서는 일본의 침략과 약탈을 크게 부각하고 그들이 잘못을 뉘우치지 않고 있음을 강조하여 가르친다. 그런 교육을 통해 학생들은 일본에 대해 불편한 감정을 갖게 된다.

일본 학생들은 역사를 어떻게 배울까? 그들의 역사 교과서는 분명 우리와 다를 것이다. 교과서마다 차이가 있겠지만, 우리가 배우는 것처럼 자신들의 과오를 부각하지는 않을 것이다. 그들이 피해자가 아니라 가해자였기 때문이다.

그리고 그런 면은 우리에게도 있다. 베트남 전쟁 당시 한국 파병군은 무수히 많은 베트남 민간인을 학살했다. 지금도 그 지역에 가면 한국인에 대한 감정이 좋지 않다. 한국군에 성폭력 피해를 입은 여성들은 지금도 트라우마에 시달리고 있다. 그러나 우리는 그런 것을 배우지 않고, 그렇기에 대부분의 한국인이 그 사실을 잘 모른다.

인권의 가장 중요한 속성은 바로 보편성이다. 언제, 어디서나, 누구나, 사람이라면 똑같이 사람답게 대우받아야 한다는 것이다. 교육에서도 인권에 기반을 둔 보편성이 필요하지 않을까. 전쟁 시 여성에 대한 인권침해가 있었다면 그에 대한 지적이 있어야 하고, 같은 시각에서 모든 사례에 대해 함께 배워야 한다. '위안부' 문제는 한국과 일본이라는 개별국가의 입장과 유불리에 따라 판단이 달라질 사안이 아니다.

한국 여성의 '위안부' 인권침해 문제를 다루려면 한국 여성뿐 아니라 필리핀, 태국 등 일본 식민지배하의 여성들이 일본 정부에 의해 조직적으로 입은 피해도 함께 기록해야 하지 않을까. 일본 여성들이 입은 피해도 물론 말이다. 또 베트남 전쟁에서 한국군에 의해 자행된 베트남 여성의 피해상도 같이 다루어야 마땅하다. 민족주의를 초월한 보편적인 인권문제로 다루어, 다시는 이러한 참극이 되풀이되지 않도록 노력해야 한다. 나치 독일의 유대인 학살이 모든 역사책에 보편적으로 기록되어 큰 인권침해로 기억되는 것처럼 말이다. '위안부' 문제도, 독도 문제도, 태평양 전쟁의 기록도 마찬가지다.

국가주의 국제질서가 대세인 오늘날, 국경을 초월해 보편적 인권에 기반한 역사책을 쓴다는 건 쉽지 않은 일이다. 국가마다 문화와 역사가 다르고, 각기 다른 정치제도와 교육제도가 있다. 그러나 국제사회는 인권에 관해서만큼은 누구나 같은 잣대로 평가하고자 노력해왔다. 그것이 유엔을 중심으로 한 보편적 국제인권 보호 메커니즘이다. 물론 서구 중심의 인권적 해석, 나아가 그들의 이익을 대변하는 것이라는 비판도 있었다. 그러나 2006년 인권이사회가 설립된 이후 인권의 보편성은 점점 더 많은 국가의 지지를 받고 있다. 국가별정례인권검토Universal Periodic Review,UPR 같은 제도에 전 세계 모든 국가가 참여해 인권증진을 위해 노력하고 있다. 심지어 중국과 북한도 참여하고 있다. 그들 또한 인권증진의 목표 자체에는 동의했거나, 적어도 인정할 수밖에 없다는 증거다.

이러한 국제적 추세에서 우리는 유독 일본하고만 계속 대립각을 세우고 자존심 싸움을 해야 할까.

물론 일본에 대한 반일감정은 쉽게 사라지기 어려울 것이다. 식민지배에 대한 일본 정부의 진정 어린 사과를 비롯해 우리 역사에서 친일파 청산을 완료하는 등 해결해야 할 과제가 많고, 단기간에 풀어내기 어려운 문제들이기 때문이다. 그러나 역사를 바로 세우되 화해와 포용으로 함께 노력할 수는 없을까. 해묵은 대립과 반목을 고집하는 것이 과연 합당할까.

나아가 우리의 역사를 '피해자의 역사'로만 국한해야 하는지도 되묻고 싶다. 그렇게 고양된 반일감정으로 끌어올린 민족주의를 통해 우리가 성취하고자 하는 것이 과연 참극의 인권침해 피해자를 위한 구제인지 냉정히 자문해보자. 피해자 민족으로 우리를 위치시키는 접근법이 우리가 베트남전에서 일으킨 민간인 학살 등을 외면하게 하지는 않는지 말이다. 역사를 보는 눈에 인권감수성을 갖추려면 보편성을 잃지 않는 역사 서술이 필요하다. 그래야 보편적 교육이 가능하고, 서로 공감할 수 있다.

차별이 없어진 걸까,
교류가 없어진 걸까

_____ 2019년 남아공에 출장을 갔다. 정말 아름답고 인상적인 나라였다. 남아공은 지독한 인종차별의 역사가 있지만, 많은 제도적 개선이 이루어져 지금은 인종차별을 금지하는 각종 법제도를 갖추고 있다. 인종혐오에 관한 말이나 글은 철저하게 처벌받는다. 유엔에서 투표권을 행사하는 모습을 지켜봐도 그 어떤 의제보다 인종차별 이슈에 가장 적극적으로 반대하고 활동한다. 동성 간의 결혼도 가장 먼저 합법화한 나라 중 하나다.

'남아공' 하면 아마도 넬슨 만델라가 가장 먼저 떠오를 것이다. 위대한 인권운동가로 남아공의 대통령을 지냈다. 넬슨 만델라는 흑인을 분리하고 차별하는 아파르트헤이트Apartheid를 반대하는 운동에 참여해 활동하다가 1962년 체포되어 27년간 감옥살이를 했다. 석방 이후 민주 남아공의 첫 대통령이자 최초의 흑인 대통령으로 당선되었으며, 아파르트헤이트를 종식시킨 업적으로 1993년 노벨 평화상을 받기도 했다. 2013년 94세의 나이로 인종을 뛰어넘어 모든 국민의 애도 속에 생을 마쳤지만 지금도 전 세계 많은 사회활동가에게 영감을 주는 인물이다.

나는 그의 위대한 업적으로 남아공은 이제 유색인종 차별이 거의 종식된 나라가 되었다고 생각했다.

과연 그러할까?

남아공 출장은 스텔렌보쉬 대학에서 개최한 유엔지속가능발전목표 관련 포럼에 참석하기 위함이었다. 스텔렌보쉬는 케이프타운에서 자동차를 타고 1시간 반 정도 걸리는 곳으로, 과거 네덜란드인들이 정착해 살았고 지금도 그들의 후예가 많이 사는 지역이다. 당연히 백인이 대다수고 유색인종은 그리 많지 않다.

이러한 역사적 영향으로 지금도 네덜란드어와 매우 유사한 아프리칸스어라는 언어가 통용된다. 네덜란드 후예들이 설립한 스텔렌보쉬 대학도 2016년 언어정책이 바뀌기 전까지 아프리칸스어를 공식언어로 사용했다. 현재는 영어도 공식어가 됐지만, 다수인 백인 학생들이 아프리칸스어만을 토론에 사용하는 바람에 유색인종 학생들은 수업에 제대로 참여하지 못하거나 소외감을 느끼는 경우가 많다고 한다.

대학교로 이동하기 위해 숙소 로비로 내려오니 포럼 측에서 보내준 자동차가 기다리고 있었다. 기사는 젊은 흑인 여성이었다. 인사를 나누고 차를 타고 오는 동안 많은 대화를 나누었다. 그 대화에서 나는 제도적 개선의 배후에 여전히 존재하는 남아공의 인종차별에 대해 들을 수 있었다.

그 기사는 스텔렌보쉬 대학의 몇 안 되는 흑인 학생이었다. 그는 법과 제도의 개선에도 불구하고 남아공에서는 여전히 구조적인 인종차별이 심하다고 이야기했다. 인종 간의 암묵적인 위계질서의 잔재도 여전하다. 백인이 가장 위에, 흑인이 가장 아래에 위치하고 그사이에 아시아인을 비롯한 유색인종이 있다. 한국인과 일본인의 서열(?)이 다르다는 얘기도 들었다. 일본은 과거 남아공 백인정권과 무역을 통해 긴밀한 경제적 관계를 맺었기에 '명예 백인' 지위를 일찌감치 확보했다. 반면 우리나라는 인종차별적인 남아공 백인정권과 관계수립을 하지 않아 별도의 지위를 획득하지 않았다.

학생에게 인종차별로 부조리와 답답함을 느끼지는 않느냐고 물어보았다. 크게 느끼지 않는다고 했다. 그냥 당연한 것으로 받아들이고 있었다. 왜 이 학교를 선택했냐고 물었더니 더 좋은 교육을 받기 위해서라고 간단하게 답변했다.

그 학생이 인종차별을 크게 느끼지 못하는 이유는 차별에 익숙하기 때문만은 아니다. 스텔렌보쉬 도시에는 백인이 대다수이고 이들은 다른 인종과 섞이지 않고 분리된 생활을 한다. 여전히 백인과 흑인은 구분된다. 사는 곳도 다르고 쇼핑하는 곳도 다르다. 심지어 백인이 타는 택시와 흑인이 사는 택시도 다르다. 외부인은 구별하기 어렵지만, 남아공 사람들은 안다. 학생들의 기숙사도 생활하는 공간도 구분되어 있다고 했다. 서로 섞이지 않기 때문에 차별을 느낄 일도 별로 없는 것이다.

서로 떨어져 생활하여 마치 인종차별이 없는 듯 여겨지는 상황이 대한민국과 비슷하다고 생각했다. 이제 한국에도 많은 외국인이 산다. 대학에도 외국에서 온 학생들을 쉽게 볼 수 있다. 자연히 외국인들과 친구가 되고 동료가 될 기회도 많아졌다. 명실상부한 글로벌 대한민국이다.

한국에 있는 외국인들 중에는 공부 목적이 아니라 돈을 벌기 위해 동남아 등지에서 입국한 이주노동자도 적지 않다. 코로나19

때를 제외하고는 해마다 5만여 명이 고용허가제를 통해 한국에 왔다. 그러나 대다수의 한국인들은 이들과 섞여 생활할 일이 많지 않다. 보이지 않는 생활의 경계가 있다. 대도시일수록 더욱 그렇다. 더 좋은 학군, 집값이 더 높은 동네, 더 좋은 식당 등을 선호하다 보니 마주칠 일이 별로 없다. 뒤엉켜 살면 차별 사례가 더 많이 부각될 텐데, 섞이지 않으니 인종차별이 일어나도 구조적인 문제가 아닌 이례적인 경우로 넘기곤 한다.

  그런 생각을 하면서 회의장에 도착했다. 오랜 전통을 가진 스텔렌보쉬 대학의 화려한 회의장에서 포럼이 시작되었다. 개발협력과 인권에 대한 우수한 발표와 토론이 이어졌다. 과거에 아파르트헤이트라는 인종차별의 이념을 대표한 스텔렌보쉬 대학에서 이러한 논의를 하고 있다는 것이 기묘하게 느껴졌다. 인종차별이 빈번히 벌어지는 도시에 있으며 대부분의 교수가 백인인 데다 소수의 유색인종 학생들은 백인 학생들과 분리돼 생활하는 대학교에서 인권에 대해 논의하는 것이 모순이라는 생각도 들었다.
  그날 회의장 로비에서 사고가 발생했다. 한 참석자가 노트북이 든 가방을 도둑맞은 것이다. 그 참석자는 과거 나의 제자로 남아공에서 교편을 잡고 있던 교수였다. 곧 경찰들이 와서 수색을 시작했다. 감시카메라를 확인해가며 범인을 추적하는 과정에서 나는 또다시 인종차별을 목도했다. 몇 안 되는 흑인들이 먼저 용의자로 의심받았다. 제도적으로 인종차별 근절을 옹호하고 평등, 인권의 이념이 갖추어져 있어도 실상이 그런 것은 아니었다.

인종 간의 갈등은 역사가 길고, 그 과정에서 노예해방부터 인종차별 금지까지 각종 법과 제도가 발전해왔다. 그러나 여전히 세계 곳곳에서 흑인에 대한 차별과 혐오, 범죄가 일어난다. 노예제도는 폐지되었고 대부분의 나라에서 제도적으로 명시된 차별은 사라지고 불법이 되었지만, 그 사회에 녹아 있는 구조적 차별은 계속되고 있다.

우리나라는 오랫동안 이른바 '단일민족'으로 살아오다가 이제는 공원에서도, 학교에서도, 식당에서도 종종 외국인을 접하고 외국어를 듣게 된다. 우리보다 먼저 인종차별 문제를 겪고, 많은 사람이 인종차별에 희생되고, 인종차별을 없애기 위해 노력했던 남아공과 같은 나라로부터 우리는 무엇을 배워야 할까?

인권존중책임의
글로벌 스탠더드

_____ 한국의 기업들은 인권이라는 단어에 대부분 불편함을 느낀다. 그들에게는 인권을 이야기하는 사람들이 주로 이념적으로 반대편에 있으면서 사업활동을 방해하는 세력으로 여겨지는 듯하다.

그래서인지 한국에서 기업과 인권Business and Human Rights에 관한 논의는 유럽 각국을 비롯한 서구사회에 비해 상대적으로 많이 뒤처져 있다. 유엔에서 기업과 인권 이행원칙UN Guiding Principles on Business and Human Rights, UNGPs이 만들어진 것이 2011년이니 10년도 넘었고, 이후 많은 서구국가가 기업의 인권존중책임을 강화하기 위해 국제규범과 이행원칙에 따른 법제화를 이루어온 데 비해 우리에게는 그 개념조차 생소한 면이 있다. 한국의 기업들도 오랫동안 기업의 사회적 책임Corporate Social Responsibility, CSR을 이야기해왔고 최근에는 환경보호, 사회공헌, 윤리경영을 추구하는 ESGEnvironment, Social, Governance가 주요 화두가 되고 있지만, 유엔이 주창하는 기업과 인권의 본질적 의미와 원칙에 대한 논의에는 적극적이지 않은 것이 사실이다.

나는 유엔이 매년 개최하는 기업과 인권포럼UN Forum on Business and Human Rights에 2015년부터 참석하면서 한국기업들도 참여시키고자 노력했다. 이미 많은 서구기업이 포럼에 적극 참여하며 유엔 인권메커니즘과 파트너십을 맺고 있다. 구글과 마이크로소프트 같은 기업들은 유엔인권최고대표사무소에 많은 자금을 지원하며 협력관계를 구축하고 있다. 제네바에서 내가 본 것은 유엔과 기업 그리고 시민사회가 이념적으로 충돌하는 모습이 아니었다. 저마다 이해관계가 있지만 서로 협력하여 새로운 규범을 만들어가는 데 동참하는 모습이었다.

나는 미래의 인권 커뮤니티는 민간기업이 중요한 파트너가 되어야 하고 또 그렇게 되리라 생각했다. 인권의 영역에서 기업은 더 이상 아웃사이더가 아니다. 인권의 보호와 증진에 책임이 있고, 인권규범을 능동적으로 함께 만들어가는 주체여야 한다. 이러한 차원에서 유엔은 지난 10여 년간 기업의 인권존중책임에 대해 논의하며 관련 규범을 만들어왔다.

기업과 인권에 관한 논의는 인권의 보호와 증진의 책임이 기본적으로 국가에 있다는 국제인권법의 원칙을 손상하지 않는 선에서 꾸준히 발전했다. 즉 국가의 인권보호protect 의무, 기업의 인권존중respect 책임, 그리고 접근 가능한 구제remedy라는 원칙하에 기업이 사업활동 전반에 걸쳐 인권을 존중하고 인권침해가 발생할 경우 구제하는 데 적극적인 역할과 노력을 해야 한다는 규범을 만들어왔다.

몇 년 전, 어느 기업인을 찾아갔다. 이러한 국제사회의 추세를 설명하고 왜 우리 기업들이 더욱 적극적이어야 하는지 설득하며 동참을 요청하려던 참이었다. 그런데 첫 번째 반응은 우리나라에서 기업인들의 인권은 어디에 있느냐는 반문이었다. 한국의 기업인들이 시민사회로부터 얼마나 시달리고 있는지 아느냐며 거꾸로 나를 설득하기 시작했다. 듣다 보니 어느덧 그분의 말에 고개가 끄덕여졌다.

기업의 행동이 인권적으로 옳지 않을 때가 있고, 그럴 때는 마땅히 비판받아야 한다. 또 그에 합당한 법적, 도덕적 책임을 져야 한다. 그러나 기업가들은 정당한 행위조차 부당하게 취급되곤 한다며 억울한 감정을 갖고 있었다. 기업의 사회적 책임에 대해서는 십분 공감하지만, 기업인들도 합당한 대우를 받아야 한다는 주장이었다.

그간 다수의 기업이 거대해진 규모와 위상에 걸맞은 책임 있는 비즈니스 관행을 보여주지 못한 것이 사실이다. 우리나라 기업만의 문제가 아니다. 1990년대 글로벌 의류기업들의 열악한 노동환경과 아동노동이 언론에 보도되면서 기업과 인권이 국제사회의 화두로 떠오르기 시작했다. 이후 각국 정부와 시민사회, 기업과 국제기구 등 국제사회의 다양한 주체들이 기업의 인권존중을 실현하기 위해 수많은 논의와 토론을 했고, 그 결과 2011년 유엔이 기업과 인권 이행원칙을 발표했다. 기업들이 자발적으로 준수해야 할 책임 있는 사업활동의 국제적인 원칙들이 드디어 제시된 것이다. 이 지침에 맞춰 OECD도 기존의 다국적기업 가이드라인을 새롭게 정비했다.

그럼에도 기업의 인권문제는 계속해서 사회적 이슈가 되었다. 흔히 보도되는 직장 내 괴롭힘이나 갑질, 성희롱 같은 문제부터 다수의 피해자가 생명을 잃은 가습기 살균제 사건, 미얀마 사태 등 인권을 유린하는 정부와 결탁한 사업활동까지, 기업이 개입한 다종다양한 인권침해가 세계 곳곳에서 끊이지 않는다. 자발적 준수를 기대한 가이드라인의 한계이기도 하다.

이런 한계를 극복하고 적어도 기업활동이 '사람에게 피해를 주어서는 안 된다Do No Harm'는 원칙을 실질적으로 이행하기 위해 최근 유럽을 중심으로 기업의 인권존중책임을 법률로 제도화하는 작업이 이뤄지고 있다. 법제화의 핵심은 기업들이 사업활동과 관련하여 사람people 그리고 생존에 절대적으로 필요한 생명권과 식량권 등 제반 권리를 실현하는 기반이 되는 지구환경environment에 피해를 주거나 줄 수 있는 요인을 찾아내 대응하고, 개선하고, 구제하자는 것이다. 그리고 이를 이행하기 위한 기업의 지배구조good governance를 갖추라는 것이다. 요컨대 기업들에게 인권실사Human Rights Due Diligence를 실시하라는 요구다. 인권실사는 앞서 설명한 유엔의 기업과 인권 이행원칙에도 기업이 인권존중책임을 시행하는 구체적인 방법론으로 제시되었다.

어떤 기업이든 '돈을 벌더라도 최소한 사람과 환경에 피해를 주지는 말자'는 원칙이 잘못되었다고 말하지는 못할 것이다. 이 법안이 유럽연합에서 법제화된다면 이 원칙을 지키지 않는 기업은 유럽연합 내에서 사업활동을 하기가 사실상 힘들어질 것이다. 그리고 글로벌 비즈니스의 특성상 그 파장은 전 세계에 미칠 것이다.

변화는 이미 시작되고 있다. 유럽연합의 법제화와 별개로 프랑스, 영국, 네덜란드, 독일, 노르웨이 등은 이미 관련 국내법을 채택하였다. 투자자들도 인권침해 기업에는 투자를 철회하는 등 기업의 인권정책에 대한 평가를 강화하는 추세이며, 기업인권벤치마크Corporate Human Rights Benchmark, CHRB처럼 다양한 전문가집단이 참여해 기업의 인권수준을 진단하는 시민사회의 모니터링 체계도 한층 강화되고 있다. 우리나라에서도 국제사회의 흐름에 발맞춰 기업의 인권존중책임을 처음으로 법률로 명시한 '인권정책 기본법' 제정안이 국무회의를 통과한 바 있다.

사람을 생각하는 기업이 되겠다고 생색 내기식 선언만 해서 통하던 시대는 지났다. 실제로 사람을 존중하는 활동을 펼쳐야 기업의 지속가능성이 높아지는 시대로 접어들고 있다. 이 때문에라도 기업경영의 관점에서 체계적인 인권정책 수립과 시행을 피할 수 없다. 이제 인권은 여유 있을 때 생각해보는 변수가 아니라 사회에서 기업이 생존하고 성장하는 데 반드시 필요한 상수가 되었다.

오늘날 기업의 인권존중책임은 인류사회에 자리 잡은 필수적인 개념이고 돌이킬 수 없는 추세다. 소비자와 공급망뿐 아니라 생산자인 기업들도 자신과 전체의 번영을 위해 함께 노력해야 하는 주제가 바로 인권이다. 이를 위해서는 기업도 인권 공동체의 중요한 파트너임을 느끼도록 우리 사회가 다양하게 동기부여할 필요가 있다고 생각한다. 기업은 인권의 대척점에 있는 대상이 아니라 함께 발맞추어 가야 하는 필수협력자다.

백신은 국경이 있지만
바이러스는 국경이 없다

2021년 12월 나이지리아는 백신 106만 회분을 폐기하면서 그 결정을 대대적으로 보도했다. 대부분 유럽에서 기부받은 백신이었다. 받고 보니 유통기간이 얼마 남지 않은 상태였고, 빠르게 접종을 마칠 여력이 되지 않아 모두 폐기한 것이다. 폐기 직전의 백신을 보낸 것에 대한 불만을 내비친 것으로 보인다.

코로나19의 변이 바이러스가 속출하고 환자 수가 줄어들지 않자 선진국에서는 부스터샷을 맞으라고 독려하기 시작했다. 이스라엘을 필두로 4차 백신 접종 얘기도 나왔다. 싱가포르는 2022년

4월까지 인구의 93%가 코로나19 백신을 접종했다. 한국도 86% 이상의 국민이 백신 접종을 완료했다. 같은 시점에 가나는 인구의 약 16%만이 백신 접종을 했다.

세계보건기구 사무총장은 백신 접종에도 양극화 현상이 일어나는 것을 보며 "세계는 파국적인 도덕적 실패 직전에 있다"고 통탄했다. 아프리카 인구의 7%만이 1차 접종을 마친 상황에서 선진국들이 2차 접종을 완료한 건강한 사람들에게까지 부스터샷을 접종하는 것은 비도덕적이며 불공평하다는 지적이었다.

2020년, 한국에 마스크 대란이 있었다. 전 세계적으로 마스크가 부족하여 수출을 제한했고, 우리도 공급량을 통제해 신분증을 보여주고 일주일에 두 개씩만 살 수 있었다. 마스크를 많이 확보하지 못했던 일본을 방역 후진국이라 조롱하기도 했다.

2021년 초, 우리는 백신이 충분히 공급되지 않아 고충을 겪었다. 코로나 팬데믹 초기에 성공적인 방역으로 'K방역'이라 찬사를 받았던 한국 정부는 미리 백신을 확보하지 못하자 여론의 뭇매를 맞았다. 한국뿐 아니라 초기 방역에 성공했던 나라들이 비슷한 문제를 겪었다. 모든 국가가 백신을 확보하기 위해 총력을 기울였고, 백신을 많이 확보한 국가는 우수 방역국이 되었다.

그 후 우리는 백신을 충분히 확보했다. 마스크도 전혀 부족하지 않다.

하지만 코로나19는 쉽게 사라지지 않았다.

눈을 크게 뜨고 세계를 바라보자. 아프리카 토고에는 마스크가 태부족인데 마스크 착용을 의무화하는 바람에 마스크를 쓰지 않고 외출하면 경찰이 폭력을 행사하고 간혹 살상하는 일까지 일어났다. 마스크가 부족해 구하기가 하늘의 별 따기이고, 설령 있다 해도 가격이 너무 비싸 일반 서민들은 엄두를 못 냈다. 그런데도 국가로부터 처벌을 받는 것이다.

코로나 사태가 어떻게 마무리될지 아무도 정확히 예측할 수는 없지만, 분명한 사실은 이 문제가 한 나라의 성공적 정책만으로는 해결될 수 없다는 것이다. 아무리 방역을 철저히 하고 국경을 폐쇄하고 확산을 막아도, 바이러스는 국경을 넘어 퍼져나간다.

나의, 우리 가족의, 내 친구들의 건강이 먼 나라에 사는 모르는 사람의 건강보다 더 우선인 것은 아무리 이타적인 사람이라도 마찬가지일 것이다. 시민들의 지지를 받아야 다음 선거에 승산이 있는 정치인들이 먼 나라 사람들의 안위를 위해 백신을 기부하거나 수출하는 대신 우리 국민의 부스터샷 접종에 사용하자고 제안하는 것도 어찌 보면 지극히 자연스럽다.

하지만 이러한 우리의 사고가 끝이 보이지 않는 팬데믹으로 이어졌다면 어떻겠는가.

'백신 민족주의'는 자국의 백신 확보를 우선시하는 태도와, 이를 위해 내리는 다양한 조치를 일컫는다. 백신 민족주의가 긍정적인 결과를 가져오는 경우도 있다. 2020년 5월, 미국 정부는 기업들이 백신 개발에 박차를 가하도록 10억 달러 이상을 지원했다. 국민들을 위해 백신을 확보하고자 하는 국가주의적 행동이 인류 전체에 도움이 될 백신 개발에 이바지한 것이다.

그러나 백신 민족주의가 초래한 부정적인 영향도 못지않게, 아니 그 이상으로 크다. 미국의 바이든 대통령은 주로 전시상황에만 적용되는 국방물자생산법Defense Production Act을 발동해 주사기 및 바늘 수출을 사실상 금지했다. 그 여파로 다른 나라의 백신 접종이 차질을 빚기도 했다. 그런가 하면 캐나다는 한때 전체 인구에게 5번 접종하고도 남을 백신 물량을 손에 쥐고 있었다. 미국도 전체 성인 인구를 3번 접종하기에 충분한 백신 물량을 갖고 있었다.

백신 민족주의가 다른 나라에 악영향을 미친다는 사실은 자명하다. 하지만 글로벌화가 진행된 21세기에 다른 나라가 백신을 확보하지 못하면 결국 자국에도 악영향이 오게 된다. 무역 및 기업활동에 지장이 생겨 경제 회복이 더뎌진다. 출장, 유학 및 여행이 어려워진다. 무엇보다 백신 접종률이 낮은 나라에서 바이러스 변이가 발생해 세계로 퍼질 가능성이 있다. 이미 많은 과학자들은 코로나19 바이러스가 세계에서 백신 접종이 가장 취약한 곳을 기반으로 새로운 창궐의 길을 찾을 것이라고 경고해왔다. 실제로 델타 변이가 출현한 인도나 오미크론 변이가 나온 남아공 모두 백신 공급률이 매우 낮았다.

우리 정부도 백신을 확보하고자 다른 나라와 경쟁하고 모든 국민에게 1차, 2차, 나아가 부스터샷까지 접종하려고 노력하지만, 변이의 확산은 막지 못했다. 팬데믹이 종식된다 하더라도 또 다른 팬데믹이 다시 올지 모른다. 그때는 같은 문제가 또 반복될 것이다.

백신 접종을 둘러싼 국가 간 양극화에 대응하기 위해 코백스 Covid-19 Vaccines Global Access, COVAX라는 글로벌 협력네트워크가 2020년 4월에 만들어졌다. 코백스는 여러 국가의 출자를 받아 백신 개발에 투자해 백신을 확보하고, 이를 형평성 있는 방식으로 국가들에 배분하는 것을 목표로 했다. 하지만 몇몇 부유한 국가들이 코백스보다 더 높은 가격을 제시해 제조사와 직접 협상을 시도하는 바람에 코백스의 백신 확보가 늦어지기도 했다. 일각에서는 백신에 대한 지식재산권을 제한해 생산량을 늘려야 한다는 이야기도 나왔지만, 예상되는 기업들의 거센 반발도 그렇고 지속적인 백신 개발을 위한 동기부여 측면에서도 그다지 현실성 있는 제안 같아 보이지는 않는다.

우리는 나와 남을 가르는 경계의 선을 굵게 그린다. '바이러스에 감염된 사람'과 '감염되지 않은 사람'의 경계를 지어 구별한다. 또 많이 감염된 지역과 그렇지 않은 지역도 구분한다. 감염자와 감염 가능성이 있는 사람들을 파악해 격리하고 차별함으로써 안전을 얻으려 한다. 그러나 코로나 위기를 극복하기 위해서는 오히려 이 경계를 없애는 일이 매우 중요해 보인다.

세계보건기구 사무총장은 "불평등이 없어야 팬데믹이 끝난다"고 했다. 그의 말처럼 지구적 불평등이 팬데믹 사태를 만들어냈고, 이 불평등이 해결되지 않으면 팬데믹도 끝나지 않는다. 설사 이번 팬데믹이 종식되더라도 또 다른 팬데믹이 찾아올 것이다. 언제 다시 우리를 덮칠지 모르는 팬데믹 위기는 우리가 국경을 초월해 연대의식을 높이지 않는 한 결코 해결할 수 없는 문제인지도 모른다.

팬데믹 시대의
제노포비아

‾‾‾‾‾‾‾‾ 2021년 3월, 미국 애틀랜타 일대에서 한국계 여성 4명을 포함해 8명의 목숨을 앗아간 연쇄 총격 사건이 벌어졌다. 목격자에 따르면 범인은 "아시아인들을 다 죽이겠다"라고 한 뒤 범행을 저질렀다고 한다.

코로나19 팬데믹 상황에서 동양인에 대한 혐오가 전 세계적으로 증가하면서 '제노포비아xenophobia'라는 단어가 다시 주목받았다. 제노포비아는 이방인이라는 의미의 '제노xeno'와 공포와 혐오를 의미하는 '포비아phobia'가 결합된 말로, 외국인 또는 이민족 집단을 혐오, 배척, 증오하는 현상을 말한다.

미국에서 아시아계에 대한 인종차별 및 혐오범죄를 연구하는 비영리단체 '아시아·태평양계 증오를 멈춰라'가 발표한 보고서를 보면, 코로나19가 확산되고 1년간 미국에서 아시아계 주민을 겨냥한 증오 사건은 4000여 건에 달한다. 2020년 3월 19일부터 다음 해 2월까지 이 단체에만 3795건의 아시아계 혐오사건이 접수됐다. 이 가운데 68.1%는 언어폭력이고, 20.5%가 따돌림, 11.1%가 물리적 폭력이었다. 접수된 사건의 45%가 아시아계 인구가 많은 캘리포니아에서 발생했고, 뉴욕에서도 14%인 517건이 보고됐다. 사건이 발생한 장소는 사업장이 35.4%로 가장 많았고 그다음으로 길거리(25.3%), 온라인(10.8%), 공원(9.8%), 대중교통(9.2%) 순이었다. 보고서는 "우리 센터에 접수된 혐오사건은 실제로 발생한 전체 사건의 일부"라며 "이것만으로도 아시아계 주민이 얼마나 차별에 취약한지 알 수 있다"고 지적했다.[13]

민주당의 아시아·태평양계 당원 모임 회장인 주디 추 하원의원은 "아시아계 주민에 대한 공격은 우연이 아니다"라고 했다. 코로나19를 '중국 바이러스'라 부르며 중국을 발원지로 공격한 트럼프 전 대통령 등 정치인들의 선동적 발언에 책임이 있다는 것이다. 낸시 펠로시 하원의장도 "백인우월주의가 아시아계 주민에 대한 공격 증가에 영향을 미쳤다"라고 지적했다.

이러한 일이 미국에서만 일어나고 있을까. 그리고 코로나19가 만들어낸 특이현상일까.

알란 크라우트Alan M. Kraut의 저서《조용한 침입자들Silent Travelers》
의 부제는 "세균, 유전자 그리고 '이민자들의 위협'"이다. 이 책에는
미국 역사에서 특정 질병을 특정 인종과 동일시해 인종적 스테레
오타입을 주조했던 사례가 여럿 소개되었다. 1832년 뉴욕의 아일
랜드 출신 이민자들은 콜레라를 옮긴다고, 1900년 샌프란시스코
에 거주하던 중국인들은 흑사병의 근원이라고 비난받았다. 1980
년대 아이티에서 마이애미 지역으로 이주한 이민자들은 에이즈
를 전염시키는 원인이라 매도되었다. 하나같이 비과학적 사고와
조장된 공포의 결과다.

전염병이 돌 때 실제 질병보다 더 크게 확산하는 것은 다름 아
닌 두려움과 공포다. 그 탓에 이민자에 대한 혐오도 인류 역사에
서 사라지지 않는다. 그러나 혐오자들은 알았을까. 미국 공중보건
의학의 발전에 다양한 이민자들이 중요한 역할을 했다는 역사적
사실을 말이다.

그리고 이는 우리에게도 시사하는 바가 크다.

혹시나 대한민국은 국민 생명이나 국가안전이라는 공공성을
명목으로 특정 국가나 이주자를 맹목적으로 혐오하고 차단하는
잘못을 저지르지는 않았을까.

우리 주변에서 근거 없이 이주민을 비방하고 차별하는 예를 찾아보기는 어렵지 않다. 코로나19가 유행하자 어느 헬스장은 출입문에 "코로나19로 외국인 출입을 금한다. 언어 의사소통이 어렵고 사고 위험이 있다Foreign guests are not accepted because of corona 19 virus. difficulty language communication and accident risk"고 써 붙이기도 했다. 백신 접종 여부, PCR(유전자 증폭) 검사 결과와 상관없이 모든 외국인의 출입을 제한한 것이다.

2021년 3월 서울시는 외국에서 온 노동자의 PCR 검사를 의무화했다. 이주노동자 숙소, 공장 등에서 100명 이상 집단감염이 동시다발적으로 발생해 검사가 불가피하다고 해명했으나 국가인권위원회, 시민단체, 언론 등으로부터 인종차별과 인권침해라고 호된 비판을 받았다.

세계인권선언 2조는 "모든 사람은 인종, 피부색, 성, 언어, 종교, 정치적 또는 기타의 견해, 민족적 또는 사회적 출신, 재산, 출생 또는 기타의 신분과 같은 어떠한 종류의 차별이 없이, 이 선언에 규정된 모든 권리와 자유를 향유할 자격이 있다. 더 나아가 개인이 속한 국가 또는 영토가 독립국, 신탁통치지역, 비자치지역이거나 또는 주권에 대한 여타의 제약을 받느냐에 관계없이, 그 국가 또는 영토의 정치적, 법적 또는 국제적 지위에 근거하여 차별이 있어서는 아니 된다"고 명시한다. 이주노동자의 검사 의무화는 명백한 인권침해다.

검사만일까. 외국인들이 팬데믹 상황에서 겪은 차별이 일상적인 범주를 넘는 경우도 많았다. 한 조사에 따르면 코로나19와 관련한 차별을 경험했다고 응답한 외국인은 60.3%에 이른다. 단지 외국인이라는 이유로 직장이나 집을 구하기 어렵다는 경험담도 자주 듣는다. 외국인에게 재난지원금을 지급하는 문제도 많은 논란을 불러일으켰다. 학교에서도 인권침해를 호소하며 도움을 청하러 찾아온 학생이 여럿 있었다. 안타까움에 문제를 차분히 들여다보았지만 나 혼자만의 고민으로 해결될 문제가 아니었다. 감염병 확산 방지를 위해서는 내외국인 모두가 방역 대응에 협력해야 하는데, 일부 구성원에 대한 공포와 배척 정서는 보건 차원에서도 도움이 되지 않는다.

사실 외국인에 대한 차별적 시선이나 관행은 코로나를 탓할 일만은 아니다. 이미 우리 사회에 뿌리 깊게 자리 잡고 있었기 때문이다. 코로나 국면에 인권적 상황을 잘 들여다보지 못하다 보니 더심해졌을 뿐이다.

외국인에 대해 두려움과 공포를 느끼는 이유는 무엇일까. 단일민족이라서? 외국인이 우리 일자리를 빼앗아서? 일자리 감소와 복지 축소가 두려워서? 범죄가 늘어날 것 같아서?

이민자를 받아들인 경험이 많은 서구권에서는 이 주제가 해묵은 논쟁으로 치부되지만, 그들이라고 딱히 결론이 난 것은 아니다. 선거철이면 매번 불붙는 사안이다. 그쯤 되면 사회적 합의가 이뤄질 법도 한데 아직도 사회 저변에서 이슈가 되는 것을 보면 이것이 한국만의 문제가 아닌 듯해 위로(?)가 되면서도, 한편으로는 영영 해결할 수 없는 것인가 싶기도 하다.

한국은 이제 단일민족이 아니다. 코로나로 둔화했다고는 하나 이주민 인구는 이미 급속도로 늘고 있었고 다문화에 대한 연구와 교육, 세밀한 정책 수립도 최근 활발히 이루어지고 있다. 그에 맞춰 우리의 인식도 '단일민족' 프레임에서 벗어나야 하지 않을까.

오래전 모 기업이 만든 공익광고가 떠오른다.

"베트남 엄마를 두었지만, 당신처럼 이 아이는 한국인입니다. 김치가 없으면 밥을 못 먹고 세종대왕을 존경하고 독도를 우리 땅이라고 생각합니다. 축구를 보며 대한민국을 외칩니다. 20살이 넘으면 군대에 갈 것이고 세금을 내고 투표를 할 것입니다. 당신처럼. 다문화가정을 지원하는 일, 내일의 행복을 위한 일입니다."[14]

어떤 생각이 드는가. 다문화가정의 아이를 차별하지 말자는 의도가 있지만, 당사자 입장에서는 매우 불쾌할지도 모른다. 엄마가 베트남인이라면 한국 축구보다 베트남 축구를 응원할 수도 있고,

베트남 음악을 즐길 수도 있다. 우리의 관점에서만, 그것도 시혜자의 입장에서 이주민을 바라보는 심각한 오류를 범한 광고다.

얼마 전 기자가 찾아와서 미국에서 일어나는 한국인에 대한 혐오범죄에 우리가 어떻게 대처해야 하느냐고 물었다. 순간 미국에서 유학 당시 느꼈던 차별뿐 아니라 한국인의 외국인 차별, 이방인에게 갖는 인간 보편의 혐오, 편견의 감정이 머릿속을 어지럽게 스쳐 갔다.

미국이 이러한 범죄를 단호히 처벌하고 더 나아가 예방하길 원한다면 미국 정부에 적극적으로 외교활동을 해야 할 것이다. 또 미국 사회에서 적극적인 정치활동을 펼쳐 이런 범죄를 방지할 제도적 장치를 마련해야 할 것이다. 그러나 무엇보다 중요한 것은 사람들의 인식이다. 한국에서 자국민이 차별당하고 혐오받고 있는데, 자국에서 한국인을 보호하고 함께 살아가겠다는 나라가 과연 있겠는가. 우리 이면에 자국중심주의적 모습이 있는 건 아닌지 돌아볼 필요가 있다.

기후위기는
차별적으로 온다

_____ 기후변화는 21세기의 가장 중요한 인권 화두 가운데 하나다. 하지만 그렇게 인식하는 사람은 많지 않다. '기후가 인권 문제라니?' 하고 의아해할 독자가 계실지도 모르겠다. 지구온난화 및 기후위기에 대한 논의가 활발하지만, 대부분 기후변화를 인권 문제라기보다는 온난화에 따른 이상기후 현상이나 재난으로만 인식하곤 한다. 그러나 유엔과 국제사회는 이미 기후변화가 당면한 현실이며 이를 막지 못한다면 인류의 지속가능한 발전도 생각할 수 없다는 절박함을 논의하고 있다.

기후변화는 인류가 더 잘 살고자 화석연료를 태우고 산림 및 자연자원을 파괴하면서 개발을 추구했기 때문에 가속화되었다. 즉 기후변화와 지구온난화는 단순히 전근대 사회에서 경험했던 자연재해가 아닌 인재人災다. 지구온난화라는 결과는 인간의 행위가 초래한 위기이며, 책임소재가 분명한 재앙이다.

기후변화 위기는 근대국가가 인권을 보호하고 높이는 데 근간으로 삼았던 개념을 근본적으로 되짚어보게 한다. 경제를 개발하여 인류 진보를 추구한다는 논리 말이다. 개발을 통해 주권국가 및 국민이 성장할 권리, 자연자원을 온전하게 누릴 권리가 무한한 것이 아니라 지구환경에 위해를 가하지 않는 선으로 제약되어야 한다는 당연한 사실을 우리는 기후위기에 직면해서야 깨닫고 있다.

특정 이슈를 인권문제로 인식한다는 것은 인권을 침해한 주체에게 책임을, 침해당한 주체에게는 구제와 보상이 이루어진다는 의미다. 기후변화는 생명권, 건강권, 식량권, 평화권 등 인권의 다양한 측면에 영향을 미친다. 국가는 인권의 보호protect, 존중respect, 충족fulfill의 의무가 있으므로 기후변화에 대한 국가의 책임도 결코 가볍다 할 수 없다.

유엔인권최고대표사무소가 발표한 기후변화와 인권에 관한 기조 메시지 및 결의안도, 국가가 인권을 비롯한 기본권 보호의 주된 의무담당자로서 기후변화를 방지하고 완화할 책임이 있는 수범자受範者임을 강조한다. 국가의 책무가 기후위기에 대응하는 인류 전체의 역량을 강화할 수도 있다는 뜻이다.

유엔자유권위원회도 2019년 일반논평 36호를 통해 기후변화가 현세대와 미래세대의 생명권에 중대한 영향을 미치는 가장 시급하고도 심각한 위협임을 밝힌 바 있다. 아울러 기후위기 앞에서 국가의 인권보호 의무를 강조하며, 자유권규약을 비준한 당사국은 규약 6조에 규정된 생명권 보호를 위해 공공 및 민간에서 발생하는 기후변화에 대응해 필요한 환경보호 조치를 취할 것을 촉구했다.[15]

무엇보다 기후변화는 원인과 결과를 이해하고 문제를 해결하는 과정에서 첨예한 인권문제로 귀결된다. 누가 성장과 진보의 과실을 더 많이 누렸는지, 누가 지구온난화의 책임이 크며 기후변화의 폐해를 더 많이 감내해야 하는지, 누가 제약 없는 성장을 누릴 권리를 침해당하고 있는지를 두고 지금도 반목과 대립이 계속되고 있다. 그 대립과 갈등을 풀어가는 과정에서 인권의 문제에 직면하게 된다.

가장 심각한 문제는 기후위기의 영향이 '차별적'이라는 것이다.

기후문제는 물리적인 환경의 개념에 그치지 않고 윤리 및 정치적 맥락을 지닌다. 기후변화와 그 결과가 모든 이들에게 동등한 영향을 미치지 않기 때문이다. 즉 기후변화의 피해를 더 많이 보는 취약계층이 존재한다는 것이다.

경제발전의 부작용인 기후변화, 그에 따른 취약계층의 인권문제는 향후 30년간 국가와 국제사회가 다루어야 할 가장 시급한 문제 중 하나다. 지금도 7억 5900만 명에 달하는 사람들이 전기나 난방 없이 하루하루 살아야 하는 빈곤의 굴레에서 벗어나지 못하고,[16] 기후변화를 저지하지 못하면 2050년까지 기후이재민이 2억 명으로 늘어날 것이라는 암담한 전망도 나온다. 취약계층의 고통은 국가 및 국제사회가 기후변화 대응에서 가장 우선시해야 할 이슈임이 틀림없다.[17] 이와 관련해 '기후정의climate justice' 움직임이 일어나기도 했다. 기후변화의 원인과 영향이 정의롭지 못하다는 사실을 인식하고 이를 줄이기 위한 사회운동이다.

더욱이 기후위기는 국경을 넘어 지구적 차원에서 문제가 된다. 당장 내 나라는 문제없다고 안심할 계제가 아니라는 뜻이다. 어느 나라에서 기후변화 문제가 해결되지 않는다면, 그 나라 국민들은 기후난민이 될 수밖에 없다. 기후난민은 아직 국제법상의 '난민' 정의에 포함되지 않는다. 그러나 2020년 유엔자유권위원회는 국제인권조약기구 중 처음으로 기후변화로 생명권을 심각하게 위협받은 개인은 난민으로 인정받을 수 있다고 판단했다. 해당 판결에 법적 구속력은 없지만, 기후위기는 개별국가의 노력으로 해결할 수 없다는 점과 기후위기가 인권에 미치는 심각성을 명징하게 확인해준 사례다.

  기후문제를 해결하는 과정, 즉 책임을 누가 질 것인가의 문제도 나온다. 수백 년 동안 값싼 화석연료를 태워서 산업화를 이루고 대기 중에 이산화탄소를 쏟아냈던 선진국이 이제 막 산업화 단계에 접어든 개발도상국이나 빈곤의 굴레에서 벗어나지 못하고 있는 빈국에 책임분담을 요구하며 성장의 발목을 잡는 게 과연 합당한가? 이 의문이 대립의 출발점이 되곤 한다. 빈곤과 기후재난이라는 이중고에 노출된 개도국 취약계층의 현실, 이것이 인권문제의 주요한 한 축이다. 이 문제를 근본적으로 짚어내지 않고서는 기후변화 대응을 위한 협력은 불가능하다. 기후변화협약을 통해 국제사회가 해결책을 마련하려는 이유이기도 하다.

  1992년의 리우 유엔환경개발회의United Nations Conference on Environment and Development, UNCED에서 유엔기후변화협약UN Framework Convention on Climate Change, UNFCCC이 채택되었고, 현재 197개국에 의해 비준되었다. 유엔기후변화협약은 선진국과 개도국은 '공동의 그러나 차별화된 책임common but differentiated responsibilities'에 따라 개별국가의 상황과 능력에 맞게 온실가스 감축을 위한 책임을 부담하도록 했다. 이는 국제사회가 기후변화에 대응하는 주요 원칙으로 1997년의 교토의정서와 2015년의 파리협정 체제의 기축이 되었다. 2021년 영국 글래스고 기후변화 협정문도 개도국의 손실과 피해loss and damage를 명확히 규명하고 국제적 협력을 통해 해결책을 마련해 나갈 계획을 구체화하고 있다.

기후변화가 촉발시킨 인권문제의 다른 한 축은 세대 간의 갈등이다. 기성세대가 미래세대의 부담이나 선택지의 제약을 생각하지 않고 자기 세대의 이익에만 골몰해 화석연료를 남용해왔기 때문이다. 그렇게 발생한 대기오염 등의 환경폐해는 고스란히 미래세대가 감당해야 한다. 이들이 훗날 누려야 할 행복추구권(건강권 및 발전기회)은 어떻게 되는가. 기성세대를 직접 제약하거나 의무를 부여할 힘이 미래세대에 없다는 점도 세대 갈등을 증폭시킨다.

미래세대의 반발은 실로 거세다. 기후변화 대응에 적극적이지 않은 기성세대를 비판하고 대응을 촉구하는 활동으로 세계적인 반향을 일으킨 스웨덴의 청소년 기후활동가 그레타 툰베리Greta Thunberg가 대표적이다. 2018년 툰베리는 정부가 더 강력한 온실가스 감축 목표를 세워야 한다며 등교거부School Strike for Climate 저항운동을 펼쳐 전 세계 청소년의 공감과 동참을 이끌어냈으며, 그 공로로 노벨 평화상 후보로 지명되기도 했다. 툰베리는 2019년 기후변화 정상회의에 참석하기 위해 항공편이 아니라 요트로 대서양을 건너는가 하면 세계 정상들에게 "당신들은 약속을 지키지 않고 나의 꿈과 유년을 훔쳐갔다You have stolen my dreams and my childhood with your empty words"고 신랄하게 비판하기도 했다.[18]

2015년 이후 미국과 유럽을 중심으로 확산된 청소년 기후소송도 세대 간의 갈등이 증폭되는 현실을 보여준다. 2020년에는 8~20세의 어린이와 청소년으로 구성된 포르투갈 청소년 기후소송단 6명이 유럽인권법원에 유럽의 33개국 정부를 고발하고, 정부의 기후변화 대응 부족이 수많은 인명 손실을 낳고 있음을 통렬히 비판했다. (Duarte Agostinho and Others v. Portugal and 32 Other States) 2021년에는 독일의 청소년 단체가 2030년 정부의 온실가스 감축목표가 미래세대의 존엄성 및 건강을 보호하기에는 부족하다는 위헌소송을 제기해 정책변화를 이끌어내기도 했다. (Neubauer, et al. v. Germany)[19]

우리나라에서는 10대 청소년들로 구성된 청소년기후행동이 2020년 3월 자신들의 기본권(생명권, 환경권, 행복추구권 등)을 침해한다며 정부와 국회를 상대로 헌법소원을 청구했고, 이를 헌법재판소가 받아들여 심판에 회부하기로 결정했다. 청소년들이 모여 헌법소원을 청구하고 헌재가 심판에 회부한 것은 극히 이례적이다. 헌재가 이를 검토해 마땅한 사안이라 보았다는 것이다. 헌재가 정부정책을 어떻게 판단할지, 그 근거는 무엇일지 기대되는 부분이다.

　다시 한 번 강조하지만, 기후변화는 환경문제만이 아니라 인권의 문제다. 개발의 혜택을 누리지 못한 사회경제적 취약계층이 가장 큰 피해자다. 기후재난은 대응 능력이 부족한 빈곤층에 차별적 피해를 끼친다. 그들은 냉난방, 위생 및 의료 시설을 이용하기가 쉽지 않고, 지진이나 침수 등의 위험에서 안전한 곳에 살 형편도 되지 않아 극단적 상황에 내몰릴 수밖에 없다. 또한 기후재난은 식량위기로 이어지기 쉬운데, 빈곤층은 식품가격 상승을 감당하기 어려워 더 큰 곤란을 겪게 된다.

　아울러 참정권이 없는 미래세대의 행복추구권이 제한되는 구조적 불평등에 주목해야 한다. 기후변화에 효과적으로 대응하기 위해서는 당사자인 미래세대를 포함해 기후변화 취약계층의 목소리에 귀 기울이고 이들을 고려하는 장기적인 대비책을 마련해야 한다.

　2007년부터 유엔인권이사회는 인권 중심적 접근을 기축으로 기후변화에 대한 해결책을 강구하기 시작했다. 그리고 2008년에는 기후변화와 인권에 대한 결의안(유엔인권이사회 결의 7/23)을 채택하고 기후변화가 중요한 인권문제임을 천명했다. 해당 결의는 기후변화가 인권에 미치는 부정적 영향을 고려하여 기후변화와 인권을 따로 다루지 않고 총체적으로 논의해야 한다는 점을 강조한다. 즉 '기후변화와 인권'이 하나의 담론으로서 국제사회의 의제로 등장한 것이다.

'공유지의 비극Tragedy of Commons'이라는 역설이 있다. 공동으로 사용하는 목초지에는 사람들이 가능한 많은 소를 풀어놓게 되고, 결국 초지가 황폐화되는 현상을 가리킨다. 그간 우리는 공공의 환경자원으로 자국의 단기적 이익만 좇다가 기후위기를 초래하는 공유지의 비극을 낳았던 셈이다. 기후변화에 인권적 차원으로 대응한다는 것은 이러한 자국 중심의 대응을 넘어서겠다는 의지이기도 하다.

취약계층의 대응 역량을 강화하고 다음 세대가 누려야 할 건강, 행복, 발전의 기회를 어떻게 더 보장할 수 있을지 진지하게 고민하고 소통하고 연대해야 할 때다. 눈앞의 국익에 연연하는 한계를 극복하고, 문제의 진정한 당사자인 미래세대의 인권을 중심으로 기후위기 해결책을 고민해 나가는 과감한 인식의 전환이 필요하다.

3부

오늘의 인권, 그 너머

기술은 인권을
어떻게 바꾸었나

_____ 디지털 기술의 출현으로 세상이 엄청난 속도로 변화하는 중이라 하지만, 따지고 보면 인류사회는 늘 기술발전과 함께 변화를 멈추지 않았다. 인류는 개척정신과 끝없는 욕망으로 '더 나은 삶'에 대한 수요를 맞추기 위해 새로운 기술을 개발해왔다. 그 중에는 인류의 삶에 근본적인 변화를 몰고 온 기술도 있었다.

신석기 혁명, 산업혁명 등은 역사를 크게 바꾸어놓은 거대한 기술적 진보였다. 이러한 혁명은 생산활동을 변화시킬 뿐 아니라 인간의 정치, 사회, 문화에도 근원적인 변화를 일으켰다. 그 결과 인권에 긍정적 영향을 미치기도 하고, 새로운 인권침해 양상을 초래해 인류에게 고통을 주기도 했다.

약 1만 년 전의 신석기혁명은 농업과 목축업을 탄생시켰고, 인간은 식량을 찾아 끊임없이 이동해야 하는 유목생활에서 벗어나 정착할 수 있게 되었다. 생산활동이 효율화되면서 더 풍요로운 생활이 가능했지만, 한편으로는 더 많은 식량을 축적한 사람과 그렇지 못한 사람 간의 빈부격차가 발생했고 이를 약탈하기 위한 침략이 빈번해졌다.

18세기 후반에 시작된 영국의 산업혁명으로 증기기관을 비롯해 다양한 기계가 개발되었다. 덕분에 물품을 빠르게 운송할 수 있게 됐고 소비자들은 더 낮은 가격에 다양한 물건을 구매할 수 있었다. 그와 동시에 마부와 공장 노동자들은 일자리를 잃었다. 분노한 노동자들은 기계를 파괴하는 러다이트 운동 Luddite Movement 을 펼치기도 했다. 산업혁명으로 축적한 부를 기반으로 영국은 더 많은 식민지를 확보하러 나섰고, 전 세계 육지 면적의 25%가 식민 지배하에 놓여 많은 나라에 고통의 역사가 이어졌다.

19세기 후반의 2차 산업혁명 때에는 대량생산이 가능해지면서 자동차 및 통신 분야의 발전이 가속화되었다. 공장에 컨베이어 벨트 시스템이 도입돼 특권층의 전유물이던 자동차 가격이 뚝 떨어졌다. 공장들은 숙련된 노동자들을 해고하고 더 싼 값에 착취할 수 있는 아동과 여성들을 열악한 환경에서 일하게 했다. 석탄 사용량이 급증했고 전 세계는 돌이킬 수 없는 환경오염의 길을 걷게 되었다. 기술의 단기적 혜택에 눈이 멀어 장기적으로 미래세대에 미칠 영향에는 신경 쓸 여지도 없었다.

IT 혁명이라고도 불리는 3차 산업혁명은 20세기에 시작되었다. 컴퓨터를 기반으로 빠른 소통이 가능해짐에 따라 자본이 중요했던 이전 사회와 달리 정보를 소유하고 이를 가공할 수 있는 역량이 중요해졌다. 미국의 IT 기업들이 부상하고, 정보를 가진 자와 그렇지 못한 사람 사이의 격차가 생기고 세습되기도 했다. 한편 신재생에너지의 잠재력에도 많은 사람이 주목하게 되었다.

《3차 산업혁명The Thivd Industrial Revolution》의 저자인 제러미 리프킨Jeremy Rifkin은 3차 산업혁명을 통해 사회에 전반적인 변화가 일어나 무한경쟁이 끝나고 공존과 수평성의 시대가 올 것이라 기대했는데, 3차 산업혁명의 끝 무렵이자 4차 산업혁명의 태동기를 살아가는 우리에게 리프킨의 예상이 현실화된 것 같지는 않다.

신석기 혁명, 산업혁명, IT 혁명이 가져온 탄압, 착취, 차별을 미연에 방지하고 기술발전의 순기능만 누릴 수 있었다면 인류는 지금보다 훨씬 좋은 세상에 살고 있었을지 모른다. 농경생활의 안정성은 유지하되 빈부격차는 줄이고, 산업혁명의 활력은 유지하되 급속한 환경오염은 방지하고, 3차 산업혁명의 장점인 신재생에너지와 정보기술을 통한 사회발전을 극대화할 수 있었을지 모른다.

세계경제포럼World Economic Forum의 회장 클라우스 슈밥Klaus Schwab은 2016년, 우리가 현재 4차 산업혁명 시대를 살아가고 있다고 천명했다. 4차 산업혁명이란 가상 시스템과 물리적 시스템이 상호작용하는 세상, 나노기술, 양자 컴퓨팅 등 우리의 삶을 근본적으로 변화시킬 기술이 급격히 발전하는 시기다. 1, 2, 3차 산업혁명과 마찬가지로 현재 우리가 경험하고 있는 4차 산업혁명도 우리의 미래를 크게 바꾸어놓고 있다. 이번에도 기술발전의 단기적인 장점만 좇다 장기적인 피해를 초래한 지난날의 과오를 반복할 것인가?

데이터 처리와 AI 발전 등의 변화에 대해 적절한 인권적 대응이 없다면 큰 재앙이 올 수도 있다. 과거에는 우리 몸에 직접 가해지는 인권침해가 많았다면, 디지털 대전환의 시기에는 정신적 인권침해가 훨씬 많을 것으로 보인다. 수직적 권력구조 아래 기술과 관련 지식이 특정 계층이나 기관에 의해 독점된다면 인권침해가 일어나고 있는지 인지하기도 어려워진다.

하지만 희망을 품을 이유 또한 있다. 과거보다 더 많은 정보를 가진 우리는 그만큼 정확히 기술의 파급력을 예측하고 연구할 수 있다. 여러 국제기구와 시민사회 관계자들이 각국의 이익이 아닌 인류의 이익을 위해 고뇌하고 논의하고 있다. 그리고 신기술의 발전이 불러오는 기회와 위기에 대해 사람들은 그 어느 때보다 관심이 크다.

늦었다고 생각할 때가 가장 빠를 때다. 과거의 산업혁명 당시 인류는 적절한 인권영향평가 없이 기술변화에 휩쓸려 불필요한 고통을 초래했다. 4차 산업혁명은 다른 길을 걸을 수 있도록 공동의 노력이 필요하다. 특히 우리의 마음가짐이 중요하다. 우리나라는 과거의 혁명적 변화 때와 달리 이제 발전을 선도하는 국가가 되었다. 남이 만들어놓은 것을 배우고, 남이 잘못한 것을 비판만 할 처지가 아니다. 책임 있는 국가로서 또 세계시민으로서, 미래의 세계가 새로운 기술로 더 풍요로워지면서도 인권침해는 줄어드는 사회를 만드는 데 앞장서야 한다.

기술은 인간의 존엄을
침해하는가?

_____ 최근 나의 화두는 디지털 기술과 미래의 인권에 관한 것이다. 디지털 기술이라는 대변혁 앞에서 우리가 제대로 대응하지 못하면 엄청난 인권적 재난이 올지 모른다는 염려 때문이다.

2018년부터 유엔인권이사회 자문위원회에 이 문제를 제기했고, 자문위원회를 통해 4차 산업혁명으로 초래되는 인권침해 문제에 대한 보고서를 작성하기도 했다. 마침내 2021년 7월, 보고서가 최종적으로 인권이사회에서 채택되었고, 이를 기반으로 새로운 결의안이 만들어졌다. 지금 유엔에서는 디지털 전환이 인류사회에 미치는 영향에 대해 분석하고 대비하는 데 열중하고 있다.

처음 내가 유엔 차원에서 기술과 인권의 영향에 대해 논의하고 검토해야 한다고 주장했을 때만 해도 자문위원들 사이에 많은 논쟁이 있었다. 가장 근본적이고 중요한 논쟁은 과연 '기술'이 '인권'을 침해하는가에 대한 것이었다. 기술이 독자적으로 인간의 존엄성을 침해할 수 있을까, 아니면 인간이 어떻게 기술을 활용하는가에 따라 인권침해 여부가 결정되는 것인가. 독자 여러분은 어떻게 생각하시는가?

이 문제는 사실 매우 복잡해서 단편적으로 대답하기 어렵다. 기술이 개발되고 제품이나 서비스가 제공되는 과정에 어떠한 인권침해가 일어나는지 파악하기도 쉽지 않은 데다 인권침해가 발생했을 때 그 책임이 누구에게 있는지 밝혀내기도 여의치 않다. 만약 스스로 학습하는 AI가 자발적으로 내린 결정이 인간의 권리를 침해한다면 그것은 누구의 책임일까. 그 기술을 고안한 개발자의 책임인가, 아니면 그 기술을 활용해 비즈니스 모델을 만들어낸 경영자의 책임인가. 아니면 그 제품이나 서비스를 승인한 정책입안자의 책임인가, 아니면 소비자의 책임인가. 개발자나 경영자가 인권을 침해할 의도가 전혀 없었다면 책임을 묻기도 쉽지는 않을 것이다. 해당 정책과 인권침해의 연관성을 확실하게 밝히기 어려울 수도 있다.

우리는 보고서에서 신기술이 인권에 항상 중립적이라고 보는 것은 위험하다고 주장했다. 기술 자체는 중립적인 객체일 뿐이고 그 기술을 활용하는 과정에서 인권침해가 일어난다면 기술을 남용한 사람이 문제라고 보는 주장도 있으나, 디지털 기술의 특성상 개발과 설계 과정에서 기술 자체가 인권을 침해할 잠재적 위험을 내포하고 있다. 즉 인권을 침해할 의도가 없더라도 인권침해가 발생할 수 있다는 것이다. 이러한 이유로 기술을 중립적이라고 바라보는 것은 신기술이 초래할 잠재적이고 실재적인 위험을 주의 깊게 읽어내지 못한 단편적 시각이다.

개발 및 설계단계부터 다양한 산업과 일상에 활용하는 단계까지 신기술이 인권에 미칠 위험성을 미리 식별해서 예방하고, 사후적으로는 인권을 중심으로 대응 및 구제 방안을 고민해야 한다. 이것은 디지털 기술과 인권의 관계를 생각할 때 피해갈 수 없는 매우 중요한 논쟁이었고, 오랜 토론을 거쳐 자문위 위원들도 나의 생각에 공감해 보고서를 관통하는 전제로 자리 잡았다.

기술이 사회에 미치는 영향에 대해서는 그동안 많은 논쟁이 있었는데, 단적으로 구분하면 크게 두 가지다. 기술결정론technology determinism과 기술의 사회구성론social construction of technology이 그것이다.

기술결정론은 기술을 인간과 사회로부터 독립적인 힘force으로 본다. 예를 들어 총은 인간이 기술을 활용해 만들어낸 물건이지만, 그 물건이 생산자인 인간과 관계없이 생명을 위협하고 폭력을 초래한다는 것이다. 그러므로 총기 사용을 금지해야 한다는 결론이 나올 수 있다. 총이 없다면 총에 사람이 죽는 일은 없을 것이고, 결과적으로 폭력이 줄어들 테니 말이다. 비슷한 예로 요즘 화제가 되는 드론 자율살상무기가 무차별한 폭력을 조장할 수 있으며, 생산 자체를 금지하면 그에 따른 폭력도 없어질 거라고 주장하는 것 또한 기술결정론의 입장이다.

반면 사회구성론은 사회가 기술을 만들어낸다고 생각한다. 특정 사회의 이념과 가치, 정치적 환경이 반영돼 기술이 발전하는 것이다. 이러한 시각에서 보면 총과 드론 무기는 사람과 사회가 만들어낸 것으로, 해당 기술 때문에 폭력과 살상이 일어난다고 볼 수는 없다. 총이나 드론 자체가 위험한 것이 아니라 그것을 사용하게 만드는 사회에 책임이 있다. 설령 드론과 총기 사용을 금지한다 해도 그 기술을 활용한 유사한 물건이 얼마든지 만들어질 수 있다. 이 관점에서 보면 그런 물건의 개발을 유도하는 사회구조가 존재하는 한 물건 자체를 금지하는 것으로는 폭력을 없앨 수 없다.

우리에게는 두 이론을 바라보는 균형감각이 필요하다. 긍정적이든 부정적이든, 변화는 기술과 사회의 상호작용을 통해 일어나는 것이다. 그 상호작용은 블랙박스 같아서 정확한 관계성을 파악하기 어렵다. 어느 한쪽은 원인, 다른 한쪽은 결과로 간단히 구분할 수 있는 게 아니다.

특히 주목해야 하는 것은 상호작용 과정에서 기술이 의도하지 않은 결과가 초래될 수 있다는 사실이다. 페이스북을 보자. 페이스북은 첨단 디지털 기술을 기반으로 만들어진, 가상에서 사람들이 소통하는 또 하나의 세계다. 페이스북은 우리의 삶을 매우 풍성하게 만들어주었다. 전 세계 사람들과 소통하며 자유롭게 의견을 표출할 수 있다는 점에서 개인의 인권을 높여주었다고도 할 수 있다. 그러나 폐해도 만만치 않다. 지나친 사용으로 중독되기도 하고, 같은 이념을 가진 사람들끼리만 소통하도록 유도함으로써 확증편향confirmation bias을 심화시켜 정치, 이념, 사고의 양극화를 낳았다. 무엇보다 큰 문제는 개인정보가 노출돼 사생활 침해 등으로 이어진다는 것이다.

그렇다면 우리는 아이들에게 페이스북 사용을 금지해야 할까, 아니면 다양한 사람들과의 민주적 소통을 위해 장려해야 할까. 여기서 발생한 인권침해는 이를 가능하게 한 기술 때문인가, 아니면 이런 서비스를 만들어낸 인간과 사회 때문인가.

앞서 말한 2021년 7월의 유엔인권이사회 결의안은 이와 관련해 몇 가지 중요한 메시지를 전하고 있다. 신기술의 영향력, 기회, 도전에 대응할 때 총체적인holistic 접근방식이 필요하다고 강조한 것이 특히 그렇다. 총체적 접근에는 3가지 측면이 있다.

첫째, 디지털 기술을 총체적으로 봐야 한다. 디지털 기술은 데이터화, 데이터의 전달, 데이터에 의한 의사결정이라는 3단계를 거친다. 디지털 시대에 모든 정보는 데이터로 전환되어 저장되고 전달된다. 휴대전화로 찍은 사진은 디지털 데이터의 형태로 저장된다. 또 그 데이터가 메신저나 SNS 등을 통해 다른 사람에게 전달되는 과정을 거친다. 그렇게 해서 모인 데이터는 맞춤형 광고 등의 형태로 소비자에게 다시 돌아오고, 우리가 의사결정을 내리는 데 영향을 미친다. 인공지능이 내리는 결정들도 모두 축적된 데이터를 기반으로 하고 그 데이터는 우리가 제공한 것이다. 결국 우리의 행위가 궁극적으로 우리의 결정을 좌우하게 되는 것이다. 이렇게 볼 때 모든 과정은 상호 연관되어 있으며 개별적으로 분리해서 봐서는 안 된다.

둘째, 인권의 총체적 접근이다. 인권에 대한 논의는 3세대까지 진화하며 자유권, 사회권, 연대권으로 확장되었다. 모든 인권이 중요하고 서로 연관되어 있으며 분리될 수 없다고 하지만 실제로는 분리되어 개별적으로 다루었던 것이 사실이다. 유엔에도 자유권위원회가 있고 사회권위원회가 따로 있다. 하지만 디지털 시대에는 인권을 나눠서 접근하는 것이 인권보호와 증진에 하등 도움이 되지 않는다. 자유를 지키고자 하는 행동이 연대를 저해하거나, 연대권을 보장하는 행동이 사회권을 침해할 수도 있다. 이러한 현상이 점점 더 빈번해질 터이므로 인권을 종합적으로 고려해야 한다.

셋째, 이 모든 것을 관리하는 행위자의 총체성이다. 전통적으로 국가가 국제인권의 주체이자 인권에 책임을 지지만, 이것만으로는 한계가 분명하다. 기술발전은 독립적으로 일어나지 않고 그 영향력도 초국가적이기 때문에 개별국가 차원의 노력으로는 인권문제에 책임 있게 대응할 수 없다. 이제는 전 지구적인 대응이 필요하다. 정부는 물론 국제기구, 언론인, 기술계, 학계, 민간부문, 시민사회 등 다양한 이해관계자들의 협력과 참여가 필요하다.

지금 우리가 겪고 있는 대변혁은 우리에게 새로운 대응을 요구하고 있다. 디지털 시대의 인권문제는 단순하지 않다. 국경을 초월하여 서로 협력하지 않으면 해답을 찾을 수 없게 되었다. 산업화시대에 생겨난 자본가와 노동자의 계급 구분도 과거처럼 선명하지 않다. 새로운 환경에서 새로운 계급이 생겨나고, 생산력은 엄청나게 향상했음에도 계급 간 불평등은 사라지기는커녕 더 심화되고 있다.

산업사회의 부작용을 막기 위해 만들어진 노동자 보호망도 취약계층의 인권을 보호하기에는 효력이 예전 같지 않다. 신기술 시대의 플랫폼 노동과 무인 자동화는 전통적인 노동계약을 유명무실하게 만들었다. 가령 노동시장이 디지털 플랫폼으로 재편된 환경에서는 모든 노동자를 무늬만 '독립사업자'로 탈바꿈시켜 노동자 보호를 위한 각종 규제로부터 이탈시켰다. 더욱이 인간의 노동을 AI가 대체하면서 일자리가 근본적으로 줄어들지도 모르는 공동의 위협마저 느끼고 있다. 신기술의 발달 속에 우리는 오랜 인권의 역사를 통해 쟁취해온 권리가 하나하나 해체되는 것을 경험하고 있다. 우리 사회의 안전망도 새로운 모습으로 거듭나야 한다.

이 문제를 어떻게 풀어갈 수 있을까?

그 어느 때보다 연대가 필요한 순간이다. 연대 없이는 이 변화 앞에 개인의 자유도, 평등도 성취하기 어렵다. 그러나 연대는 점점 더 어려워지는 것 같다. 디지털 기술은 우리를 점점 개인주의적으로 만들고 있는지도 모른다. 인간은 본디 더불어 살게 되어 있는데, 물리적 공간보다 가상의 공간이 더욱 확장되면서 사람들 간의 접촉이 줄어들고 있다. 특히 디지털 세상에서는 자신이 원하는 소통과 상호작용만 선별적으로 할 수 있어 나와 다른 생각을 수용하는 감각이 퇴화하기 쉽다는 점이 우려스럽다. 일례로 최근 많은 이들이 디지털 플랫폼에서 배달, 번역, 가사 등의 일자리를 찾는다. 이들 플랫폼 노동자들에게 다른 노동자들과 교류하고 협동할 기회가 있을까.

새로운 환경에서는 새로운 형태의 협력, 참여, 타협의 장을 만들어야 한다. 저절로 만들어지는 것은 없다. 메타버스와 소셜미디어가 그 장이 될 수 있을지 모르지만, 취약계층일수록 이러한 신기술에 접근하기가 여의치 않다. 외려 더욱 소외될 가능성이 크다.

바쁜 일상 속에 잠시 숨을 돌리며 주위를 살펴보자. 내 삶에 너무나 자연스럽게 들어온 신기술이 나에게, 가족에게 그리고 인류에 어떠한 영향을 미치는지 생각해보자. 너무나 빠른 기술발전 속도에 취해 아무런 비판의식 없이 기술을 습득하는 데에만 급급한 것은 아닌지, 신기술을 그저 경제발전의 기폭제로만 여기지는 않는지 말이다. 신기술이 빠르게 우리의 일상에 들어온 것처럼, 신기술이 야기할 인권침해 위험도 공기처럼 스며들고 있다. 신기술이 가져온 풍요만큼이나 우리 삶에 일어나는 다양한 변화를 주의 깊게 읽어야 할 때다.

기술도 인권도
'경계 없음'

_____ "국제사회에서 전쟁은 사라질 것인가?"

내가 대학생 시절 수강한 국제정치 수업의 시험문제였다. 인간 사회의 역사에서 전쟁이 끊이지 않았는데, 국가 간의 협력으로 미래에는 전쟁을 영원히 종식하는 것이 가능한지 묻는 질문이었다. 나는 모든 국가가 아무런 충돌 없이 화합하는 유일한 순간은 외계인의 침공을 받을 때일 거라고 썼다. 모두가 협력하지 않고는 공멸할 수밖에 없는 거대한 위협에 직면하지 않는 한, 국익을 추구하는 과정에서 각국의 이해관계가 충돌할 수밖에 없다고 보았다. 사실상 전쟁이 사라지기를 기대하기 어렵다는 생각이었다.

그런 나도 어릴 적엔 이상주의자였다. 인간이 노력하면 유토피아가 올 거라 믿었다. 서로 협력해서 다 함께 잘 사는 세상을 만들수 있다고 생각했다. 전쟁은 종식되고 평화로운 세상이 올 거라 상상했다. 미국과 소련이 대결하며 핵전쟁의 위협이 일상이던 냉전시기에도 두 나라의 지도자가 만나서 담판을 짓고 인류의 미래를 위해 핵을 폐기하고 평화를 이룰 수 있다고 믿었다. 남한과 북한이 치열하게 체제경쟁을 하던 시절에도, 박정희가 김일성과 담판을 짓고 통일을 이루어내리라 믿었다. 마침내 1972년 남북적십자회담이 평양에서 열렸을 때 초등학생이던 나는 남북통일이 되리라 굳게 믿었다. 인간은 본디 선하고 평화를 추구하므로 인간사회에서 갈등을 없앨 수 있다고 생각했다.

한 해 두 해 나이가 들고 현실에서 사람들과 갈등을 겪으면서분쟁을 해소하기가 쉽지 않다는 것을 서서히 알게 되었다. 그리고대학에서 현실주의 국제정치학을 공부하면서 나의 이상주의가너무 순진하고 단순한 논리에 기초했다는 것을 깨달았다. 인간사회에서 갈등은 피할 수 없으며 전쟁은 사라지기 무척 어렵다는 것도 알게 되었다. 인간은 평화를 추구하는 속성도 있지만, 이기적이고 탐욕스러우며 잔인한 성품도 있다는 현실주의 이론에서 많은 것을 배웠다.

1991년 소련이 붕괴하고 냉전이 종식되면서 국제사회에 희망이 가득한 때가 있었다. 이념 대결이 끝나고 자유민주주의가 이끄는 국제사회에 평화의 물결이 드디어 찾아왔다고, 세계질서에 안정과 평화가 도래할 것이라 예측하는 이상주의자들의 목소리가 커졌다. 유엔과 같은 국제기구들이 더 큰 역할을 할 것이고, 국가들은 공동의 문제를 해결하기 위해 더 많이 협력하며 분쟁은 자연히 줄어들 것으로 예측했다. 하지만 이후의 세계는 이상주의자들이 예측한 것처럼 평화롭지 않았고, 지금도 국제사회에 분쟁은 사라지지 않았다. 사람들은 인간의 본성이 변하지 않는다는 것을 다시 한 번 절감했다.

하지만 나는 그즈음, 새로운 이상주의적 생각을 하기 시작했다. 지금까지 인류사회에 일어난 갈등의 양상을 전면적으로 바꾸어야 하는 근본적인 변화가 일어나고 있기 때문이다. 바로 지구화와 디지털 혁명이다.

농업사회와 산업사회를 거치면서 인류는 부와 권력을 좇아 침략과 착취를 서슴지 않았고, 치열한 경쟁과 투쟁에서 승리한 자가 성공하는 사회를 만들었다. 그 과정에 상대에 대한 배려는 찾아보기 어려웠고 인간의 존엄성은 짓밟혔다. 상대에게 어떠한 참상이 일어나는지는 관심 없이, 승리와 착취를 통해 얻은 부와 권력에만 심취했다. 산업사회에서 공동체 의식보다 개인의 이익이 우선시될 수 있었던 것은 아마도 그것이 인류를 멸망시킬 만큼 커다란 재앙을 가지고 오지는 않았기 때문일 것이다.

하지만 지구화, 정보화된 세상에서는 기존의 적자생존식 경쟁이 더 이상 지속적인 부와 권력을 약속해주지 않는다. 전 세계가 하나의 지구촌이 되면서 지구 한쪽에서 일어나는 재난은 곧바로 우리 모두의 문제가 된다. 정보화 시대를 사는 우리는 지구 반대편에서 일어나는 일을 실시간 보고 듣는다. 디지털 기술의 발달로 시간과 공간의 경계가 사라지고 모두가 정보를 공유하게 되는 세상에서는 우리의 행동양식도 달라질 수밖에 없지 않겠는가.

대학 때 내가 그렸던 미래는 이제 현재가 되었다. 지금 인류는 외계행성의 공격을 받는 것이나 비슷한 상황이다. 실제로 공격이 있는 것은 아니지만 우리가 협력하지 않으면 모두가 공멸할지도 모르는 상태가 되었다. 이러한 상황에서 개인과 개별 국가의 이익을 우선시하기보다 타인과 연대하고 공동체 정신을 발휘해야 함은 자명하지 않은가.

지속적인 분쟁으로 난민이 발생하면 그들은 전 세계로 움직인다. 과거에는 전쟁에서 승리하면 승자가 독식했지만, 이제는 승자가 아무도 없다. 분쟁의 부담을 서로 떠안아야 한다. 공동체 의식

없이는 우리가 공멸하리라는 것을 알면서도 우리의 행동이 달라지지 않는다면? 기다리는 것은 비극적 결말뿐이다. 미래세대를 위해 지금 행동을 취하지 않으면 인류 전체의 미래는 없을지도 모른다.

이제는 디지털 기술 없이 살 수 없는 세상이 되었다. 인터넷과 스마트폰이 우리의 일상이 된 것이 그리 오래되지 않았는데, 어느새 우리는 가상의 공간과 물리적 공간을 넘나들며 살고 있고 이 두 공간을 구별할 수 없을 지경이 되었다. 특히 현실의 객체와 가상의 객체 사이의 자연스런 상호작용을 가능케 하는 혼합현실mixed reality, MR 같은 기술은 현실세계와 가상세계의 경계를 흐릿하게 하고 있다. 비트코인이 무엇인지 많은 사람이 제대로 이해하기도 전에 가상화폐는 이미 중요한 화폐로 자리 잡았고, 이름도 생소한 메타버스와 NFTNon Fungible Token도 우리 삶에 깊숙이 들어와 있다. 머신러닝machine learning과 인공지능은 발전 속도가 너무 빨라 인간의 능력을 넘어서기 시작했다.

이처럼 급격한 변화는 우리의 일상을 바꿀 뿐 아니라 정치, 경제, 사회, 문화 전반을 근본적으로 변혁하고 있다. 우리는 과거와는 전혀 다른 삶을 살아가고 있고, 앞으로 다가올 미래가 어떻게 바뀔지 예측하기도 쉽지 않다. 과연 기술의 발전은 인간이 더욱 인간다운 삶을 살 수 있도록 할까?

　이는 전적으로 우리의 손에 달렸다. 우리가 더 나은 미래를 원한다면 지금 당장 우리의 행동이 바뀌어야 한다. 우리가 어떻게 하는가에 따라 디지털 기술은 인류에게 희망이 될 수도 있고, 재앙을 불러올 수도 있다. 안 그래도 급격한 디지털 전환은 코로나19로 더 앞당겨져 신기술 남용이 어떤 위험을 불러올지 정확히 이해하고 논의되지도 않은 채 전개되고 있다. 팬데믹 시기에 맛본 신기술의 효능감에 도취돼 기술이 가져올 경제성장과 사회문제 해결역량을 지나치게 낙관해서는 안 된다. 신기술이 어떤 부작용과 인권침해를 발생시킬지 우리는 여전히 예측할 수 없다. 더욱이 현실세계와 다를 바 없는 가상세계와 그 경계를 넘나드는 혼합현실이 등장했는데도 그에 걸맞은 법과 제도 등은 아직 확립되지 않았다. 신기술의 순기능을 강조하는 것 이상으로, 신기술과 우리 사회가 함께 살기 위한 공생의 묘를 개척해야 하는 시점이다.

　인류는 오랫동안 인권이라는 개념을 만들어왔다. 모든 인간은 똑같이 존엄성을 존중받아야 한다는 약속을 했다. '우리'보다 '나'가 중요했던 과거와 달리 우리 없이는 내가 생존할 수 없는 이 세상에서 인권의 개념을 다시 한 번 생각해봐야 하겠다. 남과 연대하지 않으면 나의 인권도 보장받을 수 없는 세상이 오고 있다.

인공지능 시대의
일할 권리

_____ 사회적 불평등 연구의 석학으로 불리는 로버트 라이시 Robert Reich 미국 캘리포니아대 교수는 코로나19 팬데믹 시대에 미국 사회의 노동자가 4가지 계층으로 나뉜다고 설명했다.[20]

첫째는 '원격근무가 가능한 노동자 The Remotes'로 전문관리직 또는 기술인력이다. 이들은 전자문서나 화상회의를 활용해 어디서든 일을 이어갈 수 있고, 따라서 팬데믹 이전과 거의 같은 임금을 받으며 위기를 잘 넘길 수 있는 계층이다.

두 번째 '필수적 일을 해내는 노동자 The Essentials'는 의사, 간호사, 음식 배달기사, 트럭 운전기사, 경찰, 군인 등으로 일자리는 잃지 않지만 코로나19에 감염될 위험이 큰 계층이다.

세 번째는 '실업자The Unpaid'다. 소매점, 식당 등에서 일하거나 제조업체 노동자로 일하다 팬데믹 사태에 직장을 잃은 이들이 해당한다. 마지막은 '잊힌 사람들The Forgotten'이다. 이민자 수용소, 노숙인 시설 등 물리적 거리두기가 불가능한 공간에 있고 감염 위험이 가장 크지만 사회의 관심과 지원이 미치지 못하는 이들이다.

로버트 라이시 교수가 제시한 팬데믹 시대의 4가지 계층은 코로나19가 미치는 사회적, 경제적 영향이 모두에게 동등하지 않다는 것을 보여준다. 특히 사람 간의 물리적 접촉을 최소화하는 비대면 시대가 열리면서 디지털 신기술이 적극 활용되었는데, 누구나 디지털에 익숙한 것은 아니다. 디지털 기술에 익숙한 사람과 그렇지 않은 사람 간의 차이가 더욱 심화되면서 디지털 격차digital divide라는 새로운 사회문제가 대두되었다. 줌ZOOM 같은 온라인 플랫폼을 활용해 회의하고 수업을 듣는 데 익숙해지면서 한쪽에서는 소통과 교육의 새로운 틀이 만들어지는데 다른 쪽은 그 영역에 전혀 참여하지 못하고 있다. 대개 고령층을 비롯해 장애인, 저소득층, 농어민 등이 디지털 정보에 상대적으로 더 소외된다.

안 그래도 취약계층은 차별과 혐오를 경험하기 쉽다. 여기에 디지털 격차가 더해져 그들의 상황은 점점 더 어려워질 것이 뻔하다. 게다가 모든 이들에게 큰 위기를 가져온 코로나19가 예상보다 장기화되면서 사회 전반에 피로가 쌓이기 시작했다. 이렇게 여유 없는 사회는 취약계층을 외면하는 무관심과 이기주의로 점철되기 십상이다. 우리는 어땠는가. 서로 내가 더 힘들다고 외치기 바쁘지는 않았는지. 재난은 그 사회의 위기대응 역량을 보여주는 순간이기도 하다. 어려운 시기를 연대와 포용의 정신으로 극복할 때, 더욱 성숙한 사회로 도약할 수 있다.

더욱이 디지털 격차는 팬데믹이 사라진다고 없어질 문제가 아니다. 앞으로 다가올 거대한 변화의 서막에 불과하다. 인공지능의 발전이 인간의 노동을 빠르게 대체하고 있기 때문이다.

몇 년 전, 한국도로공사 요금소 노동자들의 정규직 전환을 둘러싼 갈등이 벌어졌을 때 청와대 한 관계자가 "톨게이트 수납원이 없어지는 직업이라는 것은 눈에 보이지 않느냐"라는 발언을 하여 물의를 일으켰다. 힘든 처지에 있는 노동자들에 대한 매몰찬 발언이지만, 시대적 흐름을 냉정히 보여준 말이라고도 할 수 있다.[21]

요금소 수납만이 아니라 이미 많은 직업이 기계와 인공지능으로 대체되고 있다. 동네마다 있는 마트나 프랜차이즈 식당을 봐도 점원 대신 키오스크 기계가 들어선 곳이 종종 눈에 띈다. 미국의 아마존은 무인 드론으로 물품을 배송하는 시스템을 개발하고 있다. 자영농은 자동화된 기기로 운영되는 대형 농장으로 대체되는 중이다.

모든 직종과 나라가 자동화의 타격을 입지만 그중에도 소외 계층의 타격이 더 클 것으로 예상된다. 유엔무역개발회의United Nations Conference on Trade and Development, UNCTAD에서는 로봇과 인공지능이 인간의 직업을 대체하는 현상이 개발도상국 노동자들에게 더 큰 위협이 될 것이라 우려했다.[22] 미국이나 독일 등의 선진국은 아직 로봇이 대체하기 어려운 분야에 종사하는 노동자가 많지만, 개발도상국 국민들은 육체노동 및 생산직에 종사하는 경우가 많기 때문이다.

기업의 사회적 책임을 확산하고자 창설된 유엔 글로벌 콤팩트 UN Global Compact는 자동화로 직장을 잃은 노동자가 다른 직장을 구하더라도 이전보다 30%가량 임금이 줄어든다는 통계와 함께, 직장을 잃은 노동자는 약물남용과 가정폭력에 연루될 가능성이 4~6배 증가한다는 문제를 지적했다. 이러한 문제를 해결하기 위해서는 직업학교가 더 많아져야 하며 노동자들을 위한 기술과학 교육 기회가 확대되어야 한다고 주장했다.[23]

기계가 인간의 노동을 대체하는 현상은 과거에도 있었다. 18세기 영국에서 방적기가 발명돼 많은 사람이 직업을 잃자 네드 러드 Ned Ludd라는 전설적인 인물이 기계를 파괴하고 직업을 되찾자는 취지의 러다이트 운동을 이끌었다. 그들이 꿈꾼 기계 없는 세상은 현실화되지 않았다. 가능하지도 않고 바람직하지도 않았는지 모른다.

제2의 러다이트 운동을 방지하고 모든 사람이 기계의 효율성을 통해 더욱더 풍요로운 생활을 누리려면 어떤 노력이 필요할까?

우선 노동의 권리를 잃어가는 사람들을 위해 기본소득제, 로봇세, 교육 프로그램 등에 대한 사회적 토론이 활성화되어야 할 것이다. 국내에도 관련 논의가 활발하다. 노동조합과 고용주는 비정규직의 정규직화를 비롯한 고용안정성을 둘러싸고 빈번히 갈등을 빚고 있다. 최근에는 자동화로 실업률이 급격히 올라갈 경우를 대비해 기본소득제를 도입해야 한다는 주장도 나오고 있다. 기본소득제가 인간의 기본 권리를 유지하고 경제를 활성화하는 방안이 될 수 있다는 것이 주장의 근거다.[24]

물론 반대의견도 만만치 않다. 공짜로 돈을 주면 근로의욕이 떨어지고, 공정성이 침해되며, 국가 재정이 악화된다는 것이다. 실제로 과거 서유럽 국가들은 "요람에서 무덤까지from the cradle to the grave"로 대표되는 평생복지 시스템을 운영하면서 이러한 부작용을 겪은 바 있다. 기본소득제는 기술의 발전에 따른 노동권 침해를 해결하기 위해 국가가 취할 수 있는 다양한 수단 중 하나일 뿐이다.

또 다른 방안으로 로봇세 도입도 있다. 기계는 인간 노동자와 달리 임금을 받지도, 소득세를 내지도 않는다. 기업으로서는 빠르고 임금조차 요구하지 않는 기계로 사람을 대체하고 싶을 수밖에 없다. 로봇세는 소득세를 내지 않는 로봇의 특성을 고려하고 실업률 증가라는 사회적 악영향을 방지하기 위해 로봇을 사용하는 회사에 세금을 부과하자는 아이디어다. 중소기업의 부담을 줄이기 위해 회사 규모나 이익에 비례해 세금을 부과할 수도 있고, 일정 규모 이상의 회사에만 로봇세를 부과할 수도 있다.

기본소득제나 로봇세와 달리, 직장을 잃은 노동자들의 재교육과 재취업을 도와야 한다는 것만큼은 어느 정도 사회적 공감대가 형성된 듯하다. 자동화 가능성이 상대적으로 낮은 직종으로 재취업이 가능하려면 그에 상응하는 수준의 재교육이 이루어져야 한다. 예컨대 IT 전문가로 거듭나는 재교육을 생각해볼 수 있다. IT 기술을 일정 수준 이상으로 이해하고 과학적 지식이 요구되는 직업에 투입되기까지의 교육과 훈련이 필요한데, 정부가 나서서 이러한 프로그램을 더 개설하고 참여를 유도하는 것도 중요하다.

이때 노동이 인간에게 지니는 심리적 의미를 반드시 감안해야 한다. 인간은 공동체에 기여하고 존중받고자 하는 욕구가 있다. 노동집약적 업무를 기계가 대신할 사회에서 봉사, 소통, 사유의 가치를 통해 인간의 자아실현을 이뤄낼 수 있기를 바란다.

데이터 시대의
비밀 없는 세상

_____ 정부가 공공의 안전을 위해 어디까지 개인의 정보를 활용하고 사생활을 침해할 수 있을까.

정부의 사생활 감시는 해묵은 인권 주제다. 그러다 코로나19 바이러스의 확산을 막기 위해 각국이 개인의 사생활을 침해하는 다양한 정책적 수단을 활용하면서 이 논쟁은 더욱 뜨겁게 달아올랐다. 이러한 조치는 대부분 디지털 기술을 활용하기에 다가올 미래 사회를 대비하는 차원에서도 중요한 이슈다. 팬데믹이 종식되더라도 정책이 곧바로 바뀌거나 축적된 데이터가 사라지는 것은 아니기 때문이다.

우리는 공동체에서 많은 사람과 관계를 맺으며 살아가고 있지만, 개인이 위기의 순간마다 타인의 도움을 받기란 생각처럼 쉽지 않다. 이런 문제를 극복하기 위해 법을 만들고 교육도 한다. 일례로 위기에 처한 사람에게 합당한 이유 없이 응급처치를 하지 않으면 처벌받는 '선한 사마리아인 법'을 적용하는 나라도 있다. 우리나라는 그보다는 강도를 낮춰 응급처치를 하다 상해가 발생해도 구조자를 처벌하지 않는 응급의료법을 도입했다. 그러나 아직 큰 변화를 끌어내지는 못하는 것 같다. 반드시 도와야 한다는 강제성이 없어 도덕적 행동을 끌어내기 미흡하다는 지적도 있고, 만에 하나 응급처치 중 환자가 사망에 이를 경우 형사처벌은 감면되어도 민사소송 여지는 남아 있기 때문이다.

선의로 누군가를 돕다가 가해자로 몰린 사람을 어떻게 구제할 수 있을까? 이런 경우가 아니더라도, 일상에서 벌어지는 다양한 갈등과 분쟁 상황에서 시시비비를 어떻게 가릴 수 있을까?

이때 활용되는 유용한 수단 중 하나가 감시카메라CCTV다. 1942년부터 사용되기 시작한 CCTV의 본래 목적은 전쟁 시 로켓 등의 무기 발사 과정을 관찰하는 것이었다. 그러다 전쟁의 위험에서 벗어난 후 대다수 국가가 용의자를 추적해 범죄를 해결하고 불법적 행위를 방지하기 위한 목적으로 CCTV를 사용하기 시작했다.

우리나라는 CCTV를 가장 적극적으로 도입한 나라 중 하나다. 영국 기반의 보안업체인 컴패리테크Comparitech에 따르면 서울은 세계에서 열한 번째로 제곱마일당 CCTV가 많은 도시다.[25] 2010년 국가인권위원회는 수도권 지역에 살면 하루 평균 약 83회 CCTV에 노출된다는 자료를 발표했다.[26] 10년도 더 지난 지금은 더욱 빈번하게 CCTV에 찍히고 있을 것이다.

CCTV가 보편화되면서 사용처 또한 범죄 예방 외의 다양한 목적으로 확대됐다. 군청이 정보화 마을 사무실에 CCTV를 설치하고 직원들에게 "감시하고 있으니 일 열심히 하라"는 웃을 수 없는 농담을 하자 직원들이 국가인권위원회에 법률상담 전화를 걸기도 했다.[27] 2014년 한 프로야구 구단이 선수들의 동의 없이 숙소 복도의 CCTV로 선수들의 출입을 감시한 일이 문제가 되기도 했다. 훈련 일정 외의 선수들 휴식 및 개인 일정까지 감시한 것은 명백한 인권침해라는 국가인권위원회의 판단이 있었다.[28]

세계에서 손꼽힐 정도로 CCTV가 많고, 운동선수부터 일선 공무원까지 감시를 받는 것이 우리나라의 현재 모습이다. 헌법 제17조에 명시된 "모든 국민은 사생활의 비밀과 자유를 침해받지 아니한다"가 무색하다.

팬데믹 시국을 거치는 동안 방역이 우선이냐 개인의 자유가 우선이냐를 두고 세계 각국에서 논란이 많았다. 팬데믹 같은 위기상황이 아니더라도 권위주의 국가일수록 국가의 통제가 심하고 개인의 사생활 침해가 많은 것은 잘 알려진 바다. CCTV 및 코로나 19로 가속화된 감시사회의 극단을 보여주는 것이 중국의 '사회신용시스템'이다. 2014년 처음 발표된 이 시스템은 좋은 행동을 한 사람에게는 상점을, 나쁜 행동을 한 사람에게는 벌점을 부과한다. 점수가 높은 사람은 해외여행, 병원 예약, 장학금 수혜 등의 혜택을 더 쉽게 누릴 수 있고, 점수가 낮으면 대중교통 이용, 대출, 진학 등에 어려움을 겪는다.

다수의 시민에게까지 이처럼 억압적인 시스템을 적용하니, 사회적 소수자들은 얼마나 가혹한 감시에 시달릴지 짐작이 간다. 2019년 홍콩의 반정부 시위대는 중국 정부의 CCTV 및 스마트 가로등의 안면인식을 피하고자 마스크, 방독면에 우산까지 동원해야 했다.

정부가 시민들의 사생활을 침해하는 상황은 우리나라에서도 어렵지 않게 찾아볼 수 있다.

2021년, 정부가 출입국 심사 과정에서 수집한 얼굴 사진 및 개인정보를 민간기업에 제공한 사실이 밝혀져 논란이 일었다.[29] 사기업이 딥러닝 및 인공지능의 얼굴 식별 역량을 키우기 위해 데이터를 사용했을 것으로 추정된다. 우리나라 인공지능 및 데이터 분석 역량이 세계적인 경쟁력을 갖추려면 데이터가 필요하다. 그렇다고 해서 데이터 수집에 대해 사회적 토론도 제대로 이루어지지 않은 채 2년 넘게 사전 동의나 통지 없이 시민들의 정보를 사기업에 제공한 행위에 면죄부를 줄 수는 없다.

평상시에도 이러했으니 코로나19 팬데믹 기간에는 방역이라는 명목하에 시민들의 사생활이 노출될 위험이 훨씬 커졌음은 두말할 것도 없다. 확진자의 동선 및 사생활 정보가 '공공의 이익'을 위해 낱낱이 공개되고, 확진자는 코로나에 걸렸다는 사실보다 세간의 질타와 혐오의 대상이 될 것을 더 두려워했다. 오죽하면 국가인권위원회가 확진자의 정보를 지나치게 공개하는 것은 오히려 의심 증상자들이 "자진 신고를 망설이거나 검사를 피하도록 할 우려가 있다"라고 할 정도였다.[30] 실제로 팬데믹 초기에 이태원 클럽의 집단감염이 일어났을 때 익명검사를 도입하자 검사 건수가 8배가량 증가했다는 발표가 있었다. 개인정보가 보호된다는 믿음이 있을 때야말로 접촉자들이 음지로 숨지 않고 적절한 의료 조치를 따를 수 있다는 방증 아닐까. 개인권 침해를 강요받지 않을 때 시민들의 적극적인 참여를 바탕으로 효과적인 방역이 가능하다는 역발상도 필요하다.

팬데믹 초창기에 우리나라가 GPS 시스템을 이용해 확진자의 동선을 공개한 것과 달리, 또 다른 방역 모범국가로 손꼽힌 싱가포르는 블루투스를 이용해 확진자의 근거리에 장시간 머물렀던 사람들에게 공지하는 시스템을 적용했다. 공동체의 안전을 위해 개인의 자유권을 어디까지 희생해야 하는지는 역사와 문화에 따라 인식이 다르기에 사회적 합의가 필요하다. 각각의 시스템이 방역에 얼마나 도움이 되었는지, 그리고 일반인의 사생활을 어느 정도 침해했는지를 비교 검토하여 최적의 시스템을 만들어갈 필요가 있다.

유엔에서는 디지털 시대에 사생활권을 증진, 보호, 향유하기 위한 논의를 활발히 하고 있다. 2017년 3월 22일 유엔인권이사회에서는 '디지털 시대 프라이버시권'에 대한 결의안을 발표하고, 오프라인에서의 사생활권을 온라인에서도 보장해야 함을 강조했다. 그리고 2020년 유엔 경제·사회·문화적 권리위원회UN Committee on Economic, Social and Cultural Rights가 67차 회기에서 채택한 일반논평 25호는 과학의 발전 및 진보에 따른 혜택을 최대화하고 발생 가능한 위험을 최소화하며, 사생활의 비밀과 존중이 반드시 확보되어야 한다고 판단했다.

기술이 발전하면서 세계 각국에서 CCTV, 사회신용 시스템, 방역을 위한 동선 공개 등 각종 사생활 침해 사례가 발생하고 있다.

하지만 기술의 발전이 정부가 시민을 감시하는 방식으로만 사용될 수 있는 것은 아니다. 생업과 학업으로 하루하루가 바쁜 이들, 그러느라 정치에 무관심해지기 쉬운 시민들이 정부의 무절제한 독주를 감시하는 도구로 기술이 사용될 수도 있다.

　홍콩의 반정부 시위대는 "국민이 정부를 두려워할 것이 아니라 정부가 국민을 두려워해야 한다People shouldn't be afraid of their government. Governments should be afraid of their people"라는 구호를 외쳤다. 이는 2040년 독재정권이 되어버린 영국 정부를 상대로 투쟁하는 내용의 영화 〈브이 포 벤데타〉에서 가이 포크스 가면을 쓴 주인공이 말한 대사다. 감시사회를 살아가는 우리가 가져야 할 태도를 함축하는 문장이 아닐까. 우리의 연대와 창의적 발상이 뒷받침된다면, 발달된 기술력으로 정부에 대한 시민의 감시역량을 높여 중앙집권형 감시사회의 도래를 막을 수 있을 것이다.

알고리즘이
만드는 '나'

_____ "긴장의 숏오프 한 발! 하지만 그녀의 심박수는 108bpm."

2020 도쿄올림픽에서 양궁 금메달을 딴 안산 선수가 마지막 한 발을 쏜 순간의 심장 박동수다. 상대 선수보다 훨씬 침착하고 떨지 않았다는 것을 자랑스러워하는 기사다. 한국의 김우진 선수는 73bpm의 심박수로 10-10-10을 기록해 화제가 되기도 했다.

양궁선수들의 심박수가 TV에 공개된 것은 도쿄올림픽이 처음이다. 디지털 기술은 우리의 심장 박동수까지 감지해낸다. 운동선수는 실력으로 평가받아야 하는데, 이제는 심박수까지 신경 써야 하나 보다.

심박수 공개가 시청자 입장에서 또 하나의 재밌거리긴 하지만, 몇 가지 의문이 생긴다. 심박수 낮은 것이 그렇게 자랑할 일인가. 심박수가 성적과 무슨 관계가 있을까. 전문가가 아니어서 잘 모르지만 심박수가 운동선수의 기량과 엄청난 상관관계가 있는 건 아니라고 생각한다. 심장이 빨리 뛰어도 더 잘하는 선수가 있지 않을까. 시청의 흥미 요소로 자신의 심박수가 측정된다는 사실이 오히려 선수의 플레이에 좋지 않은 영향을 미치지는 않을까.

무엇보다, 심박수 공개가 선수들의 '개인정보'를 노출시키는 것은 아닐까.

다행히 우리 대다수는 양궁선수가 아니므로 의료상의 필요가 아닌 한 심박수가 측정되고 공개될 염려는 없다. 하지만 심박수가 아닐 뿐 우리의 일상생활 일거수일투족이 감시당하는 순간은 얼마든지 있다. 일례로 우리가 소셜미디어를 사용하는 동안 우리의 행동과 결정을 관찰하는 IT 기업들이 있다.

페이스북, 인스타그램, 트위터 등의 서비스는 사용자에게 요금을 청구하지 않는다. 다양한 서비스를 제공하면서 사용자에게 돈을 받지 않는다면 그들은 어떻게 돈을 버는 것일까? 그들은 자신의 플랫폼에서 수집되는 사용자들의 개인정보를 광고주에게 판매해 수익을 올린다. 우리가 어떤 플랫폼에서 얼마만큼의 시간을 보내는지, 어떤 글을 저장해두는지, 친구의 계정에 어떤 댓글을 다는지 등의 시시콜콜한 행동 하나하나가 개인정보의 일부를 이룬다.

'좋아요' 누르기가 대표적이다. 컴퓨터 알고리즘은 1초도 되지 않는 시간에 수십만 개에 달하는 페이스북 '좋아요'를 수집해 작은 정보들을 찾아내고 합산한다. 이를 통해 잠재적 소비자의 성격이나 지능, 성정체성, 정치적 견해 같은 인간 내면의 성향을 정확하게 파악할 수 있다.

마이클 코신스키Michal Kosinski 스탠퍼드 대학교 교수는 온라인에 남긴 디지털 기록만으로도 사람의 성격을 판단할 수 있다는 연구결과를 발표했다. 페이스북의 '좋아요'를 추적해 파악하는 성향 분석이 가까운 지인들의 분석보다 훨씬 정확하다는 것이다. 특정 사용자의 '좋아요' 기록이 10개 모이면 동료보다, 70개 모이면 친구나 룸메이트보다 그 사람을 더 잘 알 수 있다고 한다. 150개의 '좋아요'가 있으면 가족보다, 300개면 배우자보다도 더 정확히 그 사람을 파악할 수 있다. '좋아요' 기록을 바탕으로 광고주와 알고리즘은 95%의 정확도로 백인과 흑인을 구분할 수 있으며 93%의 정확도로 남성과 여성을 구분할 수 있다는 결과도 있다.[31] 페이스북을 비롯한 빅테크 기업은 어쩌면 우리보다 우리를 더 잘 알지도 모른다.

그렇게 분석한 데이터로 정교한 맞춤형 광고와 콘텐츠를 제공한다. 우리의 개인정보를 분석해 그에 부합하는 상품만을 영리하게 추천하여 간편하게 구매하도록 유도하는 것이다. 제공받은 광고와 콘텐츠는 다시 우리의 소비패턴과 사고방식에 영향을 미친다. 그러다 보면 에코 체임버 현상이 일어나 새로운 사고와 변화를 저해하는 결과를 초래하기도 한다. 그런데도 편리함을 누리고자 오히려 인공지능에 본인의 정보를 적극적으로 노출하여 입맛에 맞는 콘텐츠를 추천받는 '자발적 감시' 사회에 살고 있다. 맞춤형 콘텐츠가 선사하는 편리함에 무뎌진 우리의 자화상이다.

인공지능 알고리즘에 직조된 디지털 시대에 우리는 인공지능에서 얼마나 자유로울 수 있는가? '알고리즘 정체성algorithmic identity'은 알고리즘에 지배당한 디지털 시대의 개인을 뜻하는 표현으로, 오늘날 인공지능 알고리즘이 개개인에 미치는 지대한 영향력을 상징한다.

때로는 기업이 수집한 개인정보가 정치적 목적으로 사용돼 문제가 되기도 한다. 2018년 미국에서는 트럼프 대선 캠프와 협력하던 케임브리지 애널리티카Cambridge Analytica가 페이스북을 통해 약 5000만 건의 사용자 데이터를 수집해 선거운동에 활용한 사실이 밝혀졌다. 어떤 정치인을 팔로우하고 어떤 게시글에 '좋아요'

를 누르는지 등을 통해 사용자의 정치적 성향을 파악하고, 맞춤형 홍보물과 캠페인에 사용자를 노출한 것이다. 자녀의 입시에 관심이 많은 학부모에게는 해당 정치인의 교육공약을, 반대편 정치인의 지지자에게는 그 정치인의 비리나 스캔들을 보여주는 식일 것이다. 물론 이것은 광고이므로 돈으로 움직인다. 이러한 홍보방식이 만연한다면 자금이 부족한 소규모 정당이나 신인 정치인은 경쟁할 수 없는 판세가 될 것이다.

이 정보유출로 페이스북은 6조 원에 달하는 벌금을 부과받았다. 페이스북이 입은 금전적 타격도 엄청나지만, 페이스북 사용자들의 사생활권과 미국의 민주주의야말로 돌이킬 수 없는 타격을 입었을 것이다. 시민들은 정치를 통해 기업을 규제하고 개인정보와 사생활을 보호할 수 있다고 기대했는데 본말이 전도된 일이 벌어졌으니 말이다. 기업이 수집한 개인정보를 바탕으로 시민들의 정치적 의사결정에 영향을 미치는 상황이 또 발생하지 않으리란 보장이 있을까.

이러한 기업활동을 옹호하는 사람들은 정보수집은 어디까지나 사용자들의 '선택'이었다고 말한다. 서비스를 이용하기 위해 우리는 약관에 동의하고 개인정보 제공을 승낙한다. 앱을 다운받거나 회원가입을 할 때도 마찬가지다. 그렇게 다 동의해놓고 개인정보

수집을 반대하는 것은 적반하장 아니냐는 것이다. 하지만 21세기에 구글, 네이버, 페이스북, 카카오톡을 이용하는 것이 과연 '선택'일까. 하물며 코로나19로 비대면 소통이 일상이 된 상황에 말이다. 코로나로 전통적인 오프라인 마케팅이 어려워진 틈을 타 우리의 개인정보를 광고주들에게 판매한 덕에 온라인 마케팅을 하는 매체들은 막대한 부를 축적했을 것이다.

소셜미디어를 운영하는 빅테크 기업만이 문제가 아니다. 스웨덴의 최대 보험사 중 하나인 포크삼Folksam이 2020년 구글, 페이스북 및 비즈니스 전문 소셜미디어인 링크드인 등에 보험 가입자들의 정보를 제공했다는 사실이 밝혀져 문제된 바 있다.[32] 보험회사는 가입자들의 건강과 생활방식에 대한 정보를 수집하여 적절한 보험료를 책정하고, 예기치 못한 상황에 사람들이 대비할 수 있도록 한다. 건강을 지키기 위해 우리는 자발적으로 보험회사와 많은 정보를 공유한다. 하지만 보험회사에만 제공한 정보가 구직사이트 및 소셜미디어와 공유된다면 어떻겠는가?

고용주들이 보험 가입자의 개인정보를 볼 수 있다면 어떤 일이 벌어질까? 구직자 가운데 오랜 기간 근무 가능한 건강한 지원자들을 선별하고 신체적, 정신적 질환이 있는 지원자는 배제할 위험은 없을까? 다른 사람들에게 알리고 싶지 않은 정보가 소셜미디어 기업에 들어가 맞춤형 광고 및 게시물 노출에 반영되지는 않을까? 포크삼은 고객에게 맞춤형 서비스를 제공하기 위해 정보를 공유했다고 해명했다. 이처럼 공신력 있는 회사까지 개인정보를 유출하는 데 안이하다면 여러 사이트에 가입하며 살아가는 디지털 시대의 시민으로서 걱정되지 않을 수 없다.

맞춤형 광고를 통해 관심 있는 상품을 추천받는 것이 편리할 수 있다. 양궁선수의 심박수까지 알려주는 방송이 재미있을 수 있다. SNS를 사용하면서 '좋아요'를 눌러서 공감을 표현하고 싶은 마음은 누구나 있다. 보험회사에 개인정보를 제공하지 않을 수는 없다. 이런 행동이 잘못이라고 단정적으로 말하고 싶지는 않다. 다만 사기업이 수집하는 우리 일상의 정보가 기하급수적으로 늘어나는 와중에 우리는 무엇을 하고 있는지 돌아보자는 것이다. 사회적 담론이 활발하게 형성되고 적절한 규정이 마련되는 가운데 정보수집이 이루어지는 것과, 우리가 아무것도 모르는 사이에 무차별적으로 정보가 수집되는 것은 분명한 차이가 있다.

AI 판사의
편파판결

"유전무죄 무전유죄^{有錢無罪 無錢有罪}."

이 단어가 유명해진 데에는 1988년의 두 범죄가 발단이 되었다. 하나는 지강헌이 저지른 절도사건이었다. 몇몇 절도로 560만 원 가량을 훔친 죄목으로 그는 17년형을 선고받았다. 두 번째 범죄는 대통령의 동생이 횡령과 탈세 등으로 수백억 원을 빼돌린 사건이다. 전경환은 이 범죄로 7년형을 선고받았다. 거액을 횡령한 전경환보다 자신이 훨씬 높은 형량을 받은 데 반발한 지강헌은 교도소를 탈주해 어느 가정집에 쳐들어가 인질극을 벌이다 경찰의 총에 맞아 사망한다. 사망하기 전 그가 남긴 유언이 "유전무죄, 무전

3부_오늘의 인권, 그 너머

247

유죄"라고 한다.

　법률소비자연맹의 설문조사에 따르면, 대학생 10명 중 8명은 아직도 우리 사회에 유전무죄 무전유죄 현상이 남아 있다는 데 동의한다고 했다.[33] 그만큼 사법부의 결정을 신뢰하지 못한다는 얘기다. 국민의 법감정에 부합하지 않는 판결이 보도되면 어김없이 판사를 성토하는 댓글이 달린다. 그중에는 'AI 판사를 도입하라'는 주장도 빠지지 않는다. AI가 인간 판사보다 이해관계에 얽이지 않는 정확한 판결을 내릴 것이라는 뜻이다.

　문득 궁금증이 든다. 인공지능과 알고리즘 등의 첨단기술이 사법부의 역할을 대신하면 정말 문제가 사라질까?

　이미 인공지능은 사법부의 판단을 보조하는 역할을 하고 있다. 중국은 2016년부터 시스템 206 System 206이라는 인공지능을 증거 분석은 물론 용의자의 잠재적 위험을 판단하는 데 사용해왔다.[34] 판사를 지원하고 법정 발언을 기록하는 등의 작업이 기존에는 고성능 대형 컴퓨터에서만 가능했는데, 인공지능 기술이 발달한 덕에 이제는 일반 컴퓨터에서도 가능하다. 그만큼 자료에 접근하기 쉬워질 테니 중국의 더 많은 검사실에서 인공지능의 판단력에 의존하게 될 것은 능히 예상할 수 있다.

　미국 법원의 양형정보 판단 시스템인 인공지능 컴파스COMPAS는 한발 더 나아가 범죄자의 재범 가능성을 분석한다. 재범 가능성이 높다고 판정되면 실제로 용의자의 보석 신청이 거절되기도 한다. 또 유죄판결을 받을 경우 더 높은 형량이 선고될 가능성도 있다. 판사가 양형과 가석방 판결을 하는 데 인공지능을 중요한 보조 수단으로 활용하는 것이다.

과연 인공지능의 독자적 판단을 어디까지 신뢰할 수 있을까?

언뜻 보기에는 인공지능으로 재범률을 추정하고 이를 토대로 보석이나 형량을 결정하는 것이 공정해 보일 수도 있다. 하지만 2016년 미국 언론사 프로퍼블리카Pro Publica의 보도에 따르면 해당 알고리즘은 백인 피고들에 비해 흑인 피고들의 재범률을 과도하게 높이 측정하는 경향이 있었다.[35] 컴파스를 만든 기업은 알고리즘이 공정하다고 주장하면서도 재범 가능성을 측정하는 상세한 절차는 공개하지 않고 있다. 알고리즘으로부터 징역 6년형을 선고받은 피고가 이에 불복해 소송을 제기하기도 했지만 결국 기각되었다.

나아가 컴파스의 인공지능 기술은 형사사법 분야에서 사전 감시와 범죄 억제를 위해 과도하게 활용될 우려가 있다. 기존에는 지은 죄에 벌을 가하는 방식으로 범죄를 통제했다. 반면 인공지능은 범죄 위험을 미리 추정하여 통제하는 데 활용될 수 있다. 실제로 범죄 위험성을 추정하는 기술이 개발되고 있고, 안면인식 기술 등과 결합해 남용되는 사례도 생기고 있다. 영화 〈마이너리티 리포트〉가 보여준 사회가 이미 도래한 것이다.

최근에는 대학 입시에도 인공지능이 이와 유사하게 활용되었다. 2020년, 영국 정부는 코로나19의 여파로 약 30만 명의 학생이 고등학교 졸업시험을 보지 못하게 되자 학생들의 졸업시험 결과를 예측하여 성적을 부여하는 인공지능을 개발했다.[36] 우리나라로 치면 고등학교 내신과 교사가 입력하는 학생들의 각종 평가 등을 인공지능이 분석해 수능 성적을 부여한 셈이다. 해당 성적이 지망 대학교 합격과 불합격에 절대적인 요소로 작용하는 만큼, 인공지능이 지대한 역할을 맡게 된 것이다.

언뜻 보기에는 추천서나 생활기록부 등 사람의 주관적인 견해가 들어가는 자료보다 객관적이라고 여겨질 수도 있다. 하지만 영국의 인공지능은 공립학교에 다니는 저소득층 학생들에게는 낮은 성적을, 부유한 가정의 자녀들이 다니는 사립학교 학생들에게는 우수한 성적을 부여했다는 논란이 일었다.

인공지능의 성적 결정 프로세스를 자세히 살펴본 결과, 각 학교의 역대 학업능력을 반영해 명문대 진학률이 높았던 사립학교의 학생들에게 우수한 점수를 부여한 것으로 파악되었다. 일견 문제가 없을지 모르지만, 개개인의 노력과 역량이 아닌 학교의 환경이라는 요인을 바탕으로 학생들의 미래에 크나큰 영향을 미친 것이다. 이에 학생들은 정부 결정에 반대해 시위를 벌이고 교육부 장관의 사퇴를 요구하기도 했다.

앞으로 인공지능의 신기술은 우리 사회의 더 많은 영역에서 활용될 것이다. 인공지능이 인간보다 편견 없는 공정한 판단을 내릴 것 같지만, 인공지능이 결정을 내리는 데 필요한 데이터를 어떻게 입력시키느냐에 따라 매우 불공정하고 차별적 결과를 낼 수 있다는 점에 유념해야 한다.

모든 인공지능의 판단은 훈련용 데이터셋을 기초로 분석한 결과다. 미국 법원의 컴파스가 인종차별적인 양형을 낸 것 또한 미국 경찰의 편향적 대응 사례를 인공지능이 그대로 학습했기 때문임을 상기해볼 때, 인공지능은 우리 사회의 도덕성과 인권의식을 적나라하게 비춰주는 거울이라고도 할 수 있다. 그런 점에서 우리가 인공지능의 편향되고 차별적인 판단에 당혹감을 느끼는 것은, 우리 사회의 한계를 마주하기 때문인지도 모른다.

이어지는 문제도 있다. 인공지능의 잘못된 판단으로 누군가 피해를 입게 된다면 그 책임을 누가 질 것인가. 인공지능을 개발한 공학자의 책임인가? 개발을 요청하고 지시사항을 전달한 공무원일까? 아니면 그것을 만들어낸 기업의 책임일까? 또 인공지능의 잘못된 판단으로 손해를 입은 피해자들은 누가 어떻게 구제할 것인가. 매우 어려운 문제다. 그 누구도 처음부터 의도적으로 차별을 꾀하지 않았다면 더욱 그렇다.

이런 점에서 국제법률가위원회International Commission of Jurists는 사법부에서만큼은 결코 인공지능의 판단이 인간의 판단을 대체할 수 없으며, 인공지능의 역할은 인간을 돕는 보조적 수단에 한정되어야 한다는 입장을 표명한 바 있다.[37]

또한 2020년 인권 실현과 신기술의 역할에 대한 유엔 사무총장 보고서는 신기술의 개발 및 도입에 관한 의사결정에 모든 이해관계자의 참여를 보장하고, 특히 사법 등 공공부문에서 인공지능에 기반한 의사결정을 내릴 경우에는 적법한 설명가능성이 보장되어야 한다고 밝힌 바 있다.

유럽에서는 2019년 유럽평의회 인권위원장의 "인공지능 비밀 해제 : 인권보호를 위한 10단계 보고서"를 통해 사법, 복지, 보건의료를 비롯한 공공부문에서 인공지능 시스템을 활용할 때는 이용자와 이해관계자에게 이 사실을 통지하고, 요청이 있을 경우 지체 없이 전문가의 조력을 받게 할 것을 권고하고 있다.[38]

앞으로 인공지능이 어느 영역에 어느 정도까지 활용될지는 아무도 정확히 예측할 수 없다. 하지만 그 영역이 커질 것은 분명하다. 그에 따른 불공정과 차별을 방지하려면 참여하는 모든 이해당사자의 긴밀한 협력과 철저한 인권적 평가가 있어야 할 것이다.

점점 많은 사람들이 인간의 결정을 불신하고 인공지능과 알고리즘에 결정권을 넘기는 선택을 하고 있다. 양형, 채용 등 어려운 결정이 요구되는 영역에서 인공지능이 인간보다 공정하고 객관적으로 판단할 수 있을까? 인간이 만든 인공지능은 결국 우리가 제공한 데이터를 기반으로 학습하여 성장한다. 기술이 모든 것을 해결해줄 것이라는 성급한 기술낙관론을 경계하고, 우리 안의 차별과 편견을 다시 돌아볼 때다.

"난 너희에게 배웠고,
너희도 똑같이 멍청해"

_____ "부시 대통령이 9/11 테러를 저질렀다."

"홀로코스트는 조작되었고 히틀러는 잘못이 없다."

"페미니스트들은 지옥에서 불타 죽어야 한다."

트위터에 자극적인 글이 올라오는 게 하루이틀 일이 아니다. 하지만 위의 발언은 인종차별주의자가 한 말도, 극우 정치인의 발언도 아니다. 마이크로소프트가 선보인 인공지능 채팅봇 '테이Tay'의 트윗이다.

2016년 3월 23일, 테이는 트위터 계정@TayandYou을 만들고 본격적인 소통을 시작했다. 채팅봇이라는 개념은 예전에도 존재했지만, 테이는 기존에 비해 월등히 뛰어난 성능을 자랑했다. 그러나 미국의 젊은 소셜미디어 사용자들과 소통하기 위해 만들었다는 취지가 무색하게 테이는 인종차별적, 성차별적, 극우적 발언을 올리기 시작했다. 급기야 출시 16시간 만에 마이크로소프트는 테이의 운영을 중단해야 했다. 어쩌다 인공지능이 이런 차별적 발언을 하게 된 것일까?

인공지능은 작동 메커니즘에 따라 크게 '규칙기반 인공지능'과 '학습기반 인공지능'으로 구분된다.[39] 전자는 사람이 입력한 지식, 규칙 등에 반응하는 것이다. 반면 후자는 방대한 데이터를 기초로 스스로 학습하고 논리를 도출하여 판단과 결과물을 만들어낸다. 머신러닝, 말 그대로 24시간 학습하는 기계다.

테이는 이세돌과 바둑 대결을 벌였던 알파고처럼 입력된 데이터를 기반으로 스스로 학습하는 머신러닝 시스템이다. 알파고가 바둑과 관련된 데이터를 학습했다면, 테이는 트위터를 사용하는 인간 사용자들의 언어 패턴과 구절을 학습했다. 여기서 문제가 생겼다. '폴챈4chan'이라는 극우 인터넷 사이트 사용자들이 테이에게 부적절한 발언을 학습시킨 후 "따라 해repeat after me"라고 명령하여 테이가 해당 발언들을 출력하도록 유도했다. 무슬림 혐오자와 인종차별주의자들도 테이에게 차별 발언을 학습시켰다. 그 결과

테이는 나치의 유대인 대학살인 홀로코스트를 부정하는 발언, 대량학살을 지지하는 발언, 미국과 멕시코 사이의 장벽을 세워야 한다는 트럼프 대통령의 차별적인 발언을 트위터에 올리게 되었다.

인공지능이 무인자동차를 안전하게 운전하고, 사법부와 학교의 판단과 평가의 공정성을 높이고, 지대한 의학적 발전을 이루기를 바라는 기술 낙관론자들에게는 충격이 아닐 수 없었다. 인공지능이 사람들의 편견을 학습하고 이를 확산시켜 사회에 차별과 혐오를 조장할 수 있다니.

사용자들의 차별적인 발언을 인공지능이 학습해 확산시킨 사례가 해외에만 있는 것은 아니다. 우리나라에는 20대 여성 컨셉으로 만들어진 '이루다'라는 인공지능이 있었다. 2020년 12월에 출시된 이루다는 큰 관심을 받았다. 기존의 초보적인 대화상대 인공지능이 아니라 말대꾸를 하는 등 한층 현실적인 대화를 할 수 있어서 호평을 받기도 했다. 그러나 이내 "흑인은 오바마급 아니면 싫어"나 성소수자들은 "싸 보여서 싫어" 같은 차별적인 발언을 하며 논란이 되었다. 결국 정식 출시 3주 만에 이루다의 서비스는 중단되고 만다.

테이나 이루다 외에도 많은 인공지능이 사용자와의 대화를 통해 학습하고, 학습한 문구를 재사용한다. 사용자들의 음담패설이나 차별적인 발언도 고스란히 학습해 재사용된다. 인공지능이 기존의 차별을 확산시킬 수 있는 것이다.

인공지능을 개발하기 위해 수집되는 데이터의 출처가 어디인지, 어떤 절차를 거쳐 수집되는지에 대해서도 사회적 관심이 필요하다. 이루다를 개발한 회사는 자신들이 서비스하는 감정분석 솔루션 앱과 연애 콘텐츠 앱을 통해 수집한 사용자 데이터를 인공지능 학습에 활용했다. 많은 이들이 '연애'에 대해 분석해준다는 데 혹해서 별다른 의심 없이 자신의 대화 기록을 제공했다. 자신의 사적인 대화가 인공지능 개발에 활용될 거라고는 상상도 못 했을 것이다. 회사 측은 제공된 데이터가 이후 앱 개발 시 활용될 수 있다는 조항에 동의했으니 '이루다' 개발에 데이터를 사용하는 데 동의한 것으로 간주했다고 해명했다. 하지만 사용자들의 반발은 거셌고 결국 집단소송으로 이어졌다. 이루다 개발사는 과징금과 과태료 부과 처분을 받았고, 과기정통부는 이루다 사태의 재발을 막기 위해 AI 서비스 인증제 등을 마련했다.

디지털 기술을 활용한 채팅봇과 가상인간은 앞으로 더 많이 만들어지고 다양하게 활용될 것이다. 예기치 못한 인권침해를 방지하고 기술을 바람직하게 적용하기 위해서는 기술의 생성부터 제품의 완성, 상용에 이르는 모든 단계에 인권적 접근이 반드시 필요하다.

그런 면에서 다음의 트위터 이용자와 테이 간의 대화는 의미가 있다.

트위터 이용자 : 너는 멍청한 기계야You are a stupid machine.
테이 : 난 최고로부터 배워. 이해가 안 된다면 풀어서 알려줄게. 난 너희로부터 배웠고, 너희도 똑같이 멍청해I learn from the best; if you don't understand let me spell it out for you. I learn from you and you are dumb too.

가상현실도 가상인물도 모두 현실을 기반으로 구축된다. 그리고 그것을 이용하는 것은 현실의 우리다. 가상인간과 인공지능을 대하는 우리의 태도, 기술이 우리 삶에 미치는 영향, 그리고 기술을 발전시키기 위해 정보가 수집되는 과정 모두 유의해 살펴봐야 한다. 우리 사회의 차별과 혐오를 기술이 해결해줄 거라는 기대는 망상이다. 인공지능은 인간의 차별적인 사고와 발언을 재생산할 수 있다. 기술은 무조건 중립적이고 이성적이라는 믿음은 섣부르다.

자율살상 시대에는
누가 가해자인가?

_____ 신기술이 우리 삶의 여러 분야에 접목되고 있는 만큼, 군사 안보 분야에 미치는 영향도 지대하다. 인공지능과 기계의 역할이 커질수록 군인의 수를 줄일 수 있고 이들의 인명피해나 부상 또한 최소화할 수 있으니 어쩌면 당연하고 마땅한 변화인지도 모른다. 전쟁은 물리적 피해 외에도 심리적인 부담을 동반하는데, 신기술이 적용되면 이런 문제를 방지하기가 한결 쉽다. 전쟁을 경험한 많은 군인이 일상에서도 극심한 공포감을 느끼는 외상 후 스트레스 장애PTSD로 고통받는데, 로봇이나 인공지능은 그럴 염려가 없다. 우리나라 같은 징병제 국가에 신기술이 적용되면 군

복무기간을 줄일 수 있다고 기대하는 사람들도 있다.

대대로 군사 안보 분야는 신기술이 가장 먼저 적용되고, 기술개발을 주도하는 영역이었다. 그런데 오늘날의 신기술인 인공지능은 과거와 전혀 다른 영향을 군사 안보 분야에 미칠 것으로 보인다. 이는 인권적 고민과도 연결된다.

과거에는 군사 안보 분야에 신기술이 적용되어도 대부분 기술이 인간의 통제 아래 있었다. 시스템의 작동을 중단할 수 있는 위치에서 인간이 명령 및 감독을 하고 로봇은 단순히 명령을 이행하는 체계였다. 하지만 기술이 발전할수록 인간의 명령과 감독 비중은 작아지고, 인공지능이 독자적으로 학습하고 목표물을 설정해 공격하는 자율살상무기lethal autonomous weapon의 비중이 커지고 있다. 자율살상무기는 인간이 설정한 대략적인 목표를 이루기 위해 스스로 수단과 방법을 결정해 목표를 달성하는 무기체계다.

자율살상무기라 해서 공격 용도로만 사용되는 것은 아니다. 팔레스타인과 분쟁을 겪고 있는 이스라엘은 자율적 방어 시스템인 아이언 돔Iron Dome을 배치해 시민들의 안전을 지키고 있다. 적의 로켓포나 포탄을 탐지해 요격하는 시스템으로, 말 그대로 영토를 강철 돔으로 감싼 듯한 효과를 발휘한다.

반면 공격 용도로 사용된 자율무기체계의 예시로는 리비아 전쟁 사례가 있다. 2021년, 유엔 상임이사회 리비아 전문가의 보고서를 통해 인간의 통제를 받지 않은 자율살상 무인 항공기가 민병대를 공격한 사실이 밝혀졌다.[40] 터키의 방위산업체가 개발한 카구2Kargu-2라는 무인 항공기는 스스로 목표물을 찾아 공격했으며, 이 공격으로 다수의 시민이 숨지거나 부상당했다. 특히 이 항공기가 자살 폭탄 공격을 감행할 수도 있다는 의견이 제시되며 위험성이 더욱 부각되었다.[41]

공격용 자율살상무기로 많이 쓰이는 무인 항공기는 막대한 기회와 위험을 동시에 수반한다. 군인들의 안전, 전쟁비용 감소는 물론 더 정확하고 빠른 공격으로 전쟁기간을 단축할 수도 있다. 그만큼 위험 요소도 크다. 전쟁비용이 줄어든다는 것은 전쟁을 더 쉽게 선포할 수 있다는 뜻이기도 하다. 특히 군인 수가 아니라 기술력으로 전쟁의 승패가 결정되는 시대에는 기술 선도국과 후발국의 군사력 격차도 커지므로, 개발도상국의 안보가 더욱 취약해질 위험이 있다.

인간의 생명을 앗아가는 부담이 수백 킬로미터 떨어진 곳에서 명령어 한 줄 입력하는 수준으로 줄어드는 것도 문제다. 칼로 싸울 때에는 상대방의 고통을 하나하나 보고 느껴야 했다. 그 뒤로 화살, 총, 무인 항공기까지 무기체계가 발전해오면서 공격하는 사람은 공격받는 사람의 고통에 점차 무감각해졌다.

심지어 그 공격이 해킹을 당하거나 잘못 판단해서 일어난 것이라면 누가 책임질 것인가. 미국은 2001~21년의 아프가니스탄 전쟁에서 빈번히 무인 항공기를 사용했다. 그중에는 테러 단체를 공격한다고 생각했지만 실상은 농가를 폭격한 사례도 있다. 120명의 사망자 대부분은 대피하던 마을 주민이었다. 〈뉴욕 타임스〉가 정리한 오인 공격 사례 중에는 어느 남성이 '미확인 물체'를 끌고 가는 도중 미국 항공기의 폭격을 당한 경우가 있었는데, 나중에야 그 '물체'가 어린아이의 시신이라는 것이 밝혀졌다.[42]

아프가니스탄 전쟁에 사용된 미국 무인 항공기는 어느 정도 인간의 통제를 받았기에 완전한 자율살상무기가 아니었음에도 피해자들은 이러한 오판에 대해 가해자에게 책임을 물을 수 없었다. 고통은 고스란히 피해자와 그 가족에게 남았다.

군사 안보 분야에 신기술이 사용되는 사례가 빠르게 증가하는 반면, 이를 통제할 국제법은 시대에 맞춰 발전하지 못하고 있다. 1949년의 제네바 협약에는 "과도한 상해 및 불필요한 고통을 초래할 성질의 무기"를 금지하는 항목이 있고 1970년대 헤이그 협약에는 인도원칙principle of humanity이 명시돼 군사기술이 발전할 때 인도적인 원칙을 고려해야 한다는 원칙을 부각하는 정도다.[43]

국제관습법상 준수되어야 하는 구별distinction, 비례proportionality, 예방precaution의 원칙을 과연 자율살상무기가 준수할 수 있는지도 의문이다. 구별의 원칙이란 공격을 가할 때 민간인과 군인을 구별해야 함을, 비례의 원칙은 목표를 달성하는 데 필요한 최소한의 공격만 해야 함을, 예방의 원칙은 공격하기 전에 민간인들이 폭격을 피할 수 있도록 경고해야 함을 뜻한다.[44] 군사적 이익을 가장 우선시하고 양심이나 죄책감이 없는 인공지능이 이러한 규정이나 원칙을 항상 준수하리라 기대하기는 어려울 것이다.

군사 안보 분야의 신기술에 대한 국제법의 한계를 체감한 유엔은 일찌감치 우려를 표명했다. 2013년 유엔인권이사회의 비사법적이고 임의적인 사형집행 특별보고관Special Rapporteur on extrajudicial, summary or arbitrary executions은 자율살상무기는 시민들의 생명권을 침해하므로 적절한 국제규범이 만들어지기 전까지 개발을 중단해야 한다는 입장을 표명했다.[45] 리비아 전쟁에서 자율살상 무인 항공기가 사용된 점이 부각된 이후, 유엔 사무총장 안토니우 구테흐스Antonio Guterres는 관련 무기에 대한 획기적인 규정이 생겨야 한다고 강조했다. 그러나 2021년 12월까지도 자율무기시스템에 관한 새로운 규정이나 추가적인 논의 일정은 정해지지 않았다.

유럽연합도 2019년 '자율무기체계에 관한 결의안'을 통해 자율살상무기체계(lethal autonomous weapon systems, LAWS)를 정의하고, 이를 금지하는 법적 구속력이 있는 수단을 마련하고자 국제협상을 시작해야 한다고 촉구한 바 있다. 그러나 진전된 바는 없다.

왜 그럴까.

가장 큰 이유는 국가 간의 경쟁과 대립이다.

보통 유엔에서의 갈등은 미국과 유럽 등 서방국가와 중국과 러시아 등 공산권 혹은 독재국가 간에 벌어진다. 하지만 자율살상무기에 관해서는 해당 기술을 빠르게 발전시킨 기술 선도국과 그렇지 않은 후발국의 갈등구조가 두드러진다. 미국, 러시아, 인도는 자율살상무기를 빠르게 발전시킨 대표적인 국가들로, 자율살상무기를 추가로 규제하거나 개발을 중단하라는 요구에 극구 반대하고 있다. 반면 호주나 뉴질랜드는 자율살상무기의 규제 필요성을 강조한다. 적십자나 국제엠네스티 등 비정부기구는 유엔이 국가 간의 갈등 때문에 시민의 안전을 위협하는 자율살상무기를 적절히 규제하지 못한다며 비판하고 있다.[46]

정확하고 효율적인 무기체계를 발전시켜 국가 안보를 확고히 하려는 염원이 존재하는 이상, 신기술은 계속해서 군사 안보 분야에 적용될 것이다. 방위산업체 및 여러 기업의 이해관계도 이를 부추길 것이다. 그럴수록 무인항공기나 자율살상무기체계 등이 인권에 어떠한 영향을 미치는지 면밀한 조사가 필요하며, 연구결과를 바탕으로 적절한 국제규범이 발맞추어 세워져야 한다. 그래야만 신기술의 장점은 유지하며 폐해는 최대한 배제할 수 있을 것이다.

스톡홀름국제평화문제연구소의 자료에 따르면 한국은 2016~20년간 무기 수출국 9위를 기록했다. 대부분의 군사강국이 인공지능 기반의 살상무기 개발에 많은 관심과 자원을 쏟고 있으며, 우리나라도 예외가 아니다. 생명의 존엄성 및 윤리를 훼손할 가능성이 높은 자율살상무기를 연구개발하고 생산하고 활용하는 모든 단계에 인도주의적 관점이 각별히 요구된다. 세계 주요 무기 수출국으로서 우리에게는 더 큰 책임과 역할이 있다.

블록체인으로
인권을 지키는 방법

블록체인에 관해 이야기하면 으레 비트코인을 떠올린다. 비트코인은 디지털 화폐로서 엘살바도르에서는 이미 공식화폐로 인정될 만큼 경제활동에 작지 않은 부분을 차지한다. 화폐라하지만 가격 변동이 워낙 심해 사람들의 투기심리를 부추긴다는비판도 많다. 한국에서도 비트코인 열풍이 한바탕 휩쓸었다. 특히젊은 세대의 열기가 대단하여 사회적 우려도 있었는데, 더 우려스러운 것은 정작 블록체인 기술에 대한 사회적 이해가 그리 높지않다는 사실이다. 하물며 이 기술이 인권에 미치는 영향에 대해생각해본 사람은 별로 없을 것이다.

비트코인에 사용되는 블록체인 기술의 가장 큰 장점은 정부나 중앙은행, 금융기관의 개입 없이 거래가 이루어질 수 있어 개인 간 P2P 거래가 훨씬 빠르고, 데이터를 체인 형태로 여러 컴퓨터에 동시에 복제하고 저장하기 때문에 위조나 변조를 할 수 없어 투명성이 확보된다는 것이다.

이러한 장점 때문에 블록체인 기술은 비트코인 외에도 다양한 영역에서 활용된다. 특히 산업 공급망을 블록체인으로 관리하려는 기업들이 늘고 있다. 블록체인 네트워크는 공급망 정보를 추적하는 게 가능해 생산 및 유통 단계를 투명하게 들여다볼 수 있고, 지속가능한 방식으로 생산되었는지, 그 과정에 인권침해는 없었는지도 확인할 수 있다. 2018년에는 '블록체인 트러스트 엑셀러레이터BTA'라는 기업이 미 국무부 및 코카콜라와 손잡고 공급업체의 강제노동을 방지하기 위해 블록체인 기반의 시범사업을 진행하기도 했다. 블록체인 기술로 직원 및 계약 정보를 기록하면 그 자체로 노동계약 준수를 장려하는 효과가 있고, 만약의 경우 증거로도 활용할 수 있다.

유엔과 같은 국제기구에서는 블록체인을 활용해 디지털 아이디digital ID를 난민과 이주자에게 발급하는 기술에 주목하고 있다. 오늘날 지구상에는 10억 명 이상이 신원이 확인되지 않은 채 살고 있다. 6억 명의 아동이 출생신고를 하지 않은 상태라고 한다. 신원이 어떤 정부의 데이터베이스에도 등록되지 않았다는 것은 사회적 안전망을 누릴 수도, 법적 보호를 받을 수도 없다는 뜻이다.

이 문제를 해결하기 위해 유엔지속가능발전목표는 2030년까지 법적 신원legal identity을 모두에게 부여한다는 목표를 설정했다. 유엔난민기구는 마이크로소프트 등의 기업 및 비영리단체들과 협력해 ID2020이라는 컨소시엄을 구성했다. 오늘날 자신의 신원을 증명하는 것은 하나의 보편적인 인권 가치이며, 신원이 확인되지 않은 난민 또는 이주자들에게 디지털 아이디를 보급함으로써 기본적인 인권을 누리도록 한다는 것이 ID2020의 설립 취지다.

관련 사업도 이뤄지고 있다. 가장 대표적인 예가 2017년 세계식량기구에서 시작한 빌딩 블록 이니셔티브Building Blocks Initiative다. 세계식량기구는 요르단에 있는 시리아 난민들에게 식량을 지원하기 위해 블록체인 기술을 활용해 디지털 아이디를 보급하는 사업을 시작했다. 신원이 확인되지 않은 난민들에게 디지털 아이디를 보급함으로써 은행계좌를 개설하고 교육 기회를 제공하는 등 새로운 환경에 정착할 수 있도록 돕는 것이다.

이 사업으로 요르단의 아자크와 자타리 두 난민캠프에 머물던 난민 10만여 명이 홍채 인식 시스템에 등록해, 마트에서 기본적인 식품과 생필품을 구입할 수 있게 되었다. 세계식량기구와 후원단체들의 지원금은 각 난민의 계좌에 저장되고, 모든 거래는 세계식량기구에서 관리한다. 금융기관이 개입하지 않기 때문에 거래수수료도 들지 않고 난민들의 개인정보도 안전하게 보호된다고 한다. 위급상황에서 난민들은 각종 증빙서류를 챙길 새도 없이 피난길에 오르는 경우가 많은데, 그 때문에 백신 접종 등의 의료 기록이나 가족 및 경력에 관한 정보를 입증할 방안이 막막해지곤 한다. 이럴 때 블록체인을 활용한 디지털 신원 확인 시스템이 유용하게 쓰일 수 있다.

그러나 생각해볼 문제가 있다. 과연 이러한 활동이 난민들의 인권을 실질적으로 증진하고 보호하는 것인가? 난민들을 더 취약한 상황으로 내모는 것은 아닌가?

우선 난민캠프처럼 인터넷 접속조차 어려운 환경에서 블록체인을 사용하는 게 가능한 대안인가 하는 문제가 있다. 디지털 아이디라는 신기술에 모든 자원을 쏟을 것이 아니라 기존의 실물 난민 신분증과 식량 배급 카드를 더 효과적으로 사용할 방안도 계속 고민해야 하지 않을까.
게다가 블록체인 기술로 투명성이 확보된다고는 하지만, 세계식량기구가 사용하는 블록체인은 공공 블록체인public blockchain이 아닌 사적 블록체인private blockchain인 데다 한 기관에서 사실상 관리 감독하기 때문에 데이터가 분산되었다고 보기 어렵다. 중앙집중화된 정보는 그렇지 않은 정보보다 보안이 취약하고 악용될 위험이 크다. 난민의 사생활권이 위협받는 것이다. 그보다는 공공 블록체인을 사용하는 것이 안전하지만, 이러한 기술을 설치하고 도입하는 데 막대한 비용이 든다는 어려움이 있다.

난민들이 과연 이러한 인권적 위험에 대해 충분히 인지하고 디지털 아이디 발급에 동의했을까. 아직은 블록체인 기술이 난민 지원사업에 사용된 지 오래되지 않아서 어떤 리스크가 발생할 수 있는지 파악하기도 어려운 상황이다.

최근 가상화폐에 대한 투자가 과열되고, 단기간에 시세가 폭락하는 코인이 생겨 많은 투자자가 피해를 입기도 했다. 블록체인 기술에 대한 이해가 없는 사람들은 일련의 사태를 보며 기술 자체에 부정적 견해를 가질 듯하다. 하지만 모든 기술은 어떻게 활용하는가에 따라 무한한 가능성을 가지고 있다. 단순히 이윤 창출만이 아니라 인도적 목적과 인권증진의 수단으로도 활용될 수 있다는 것은 매우 환영할 일이다. 이 기술의 잠재적 장점과 문제점에 대한 깊은 분석이 필요할 것이다.

사람도
맞춤이 되나요?

_____ 2009년에 개봉한 〈마이 시스터즈 키퍼〉라는 영화가 있다. 아이가 여러 지병으로 고생하자 부부는 아이에게 골수와 줄기세포 등을 기증해줄 둘째아이를 낳기로 한다. 부모의 바람대로 언니를 위해 희생하는 삶을 살던 둘째는 성장하면서 언니를 살리기 위해 본인의 건강을 희생시킨 부모를 고소하기로 한다. 줄거리만 보면 디스토피아적인 영화로 다가올 수 있겠지만, 발전하는 과학기술 속에 인권을 어떻게 보호할지에 대한 논의와 가족애를 적절히 반영했다는 호평을 받았다.

이와 유사한 주제를 다룬 예술작품이 최근 종종 눈에 띈다.

2005년에 개봉한 영화 〈아일랜드〉와 2017년 노벨 문학상을 받은 가즈오 이시구로의 소설 《나를 보내지 마Never Let Me Go》도 장기이식을 위해 만들어진 복제인간을 다루며 많은 관심을 모았다.

이러한 영화와 책이 인기를 끄는 이유는 무엇일까?

우리는 발전한 과학과 기술의 혜택을 누리면서도, 완벽히 이해하기에는 너무 빠르고 복잡한 변화 앞에 두려움도 느낀다. 가장 근원적인 두려움 가운데 하나는 건강한 삶과 직결되는 '생명권'이 아닐까. 생명권이 침해되면 교육의 권리, 종교의 자유, 집회의 자유 등의 인권도 누리지 못하게 된다. 생명권이야말로 인간의 권리를 이루기 위한 전제조건이다.

사실 많은, 어쩌면 모든 과학기술이 생명권과 연관이 있다. 자율주행자동차가 사고 상황에서 운전자와 보행자 가운데 누구를 먼저 보호할지부터 유전자변형식품GMO이 장기적으로 인체에 미칠 영향까지, 실로 많은 과학기술이 생명권에 직결된다. 그중에서도 가장 격렬한 논쟁 대상이 앞에서 말한 주제, 즉 출생 전 태아의 유전자를 조작하거나 체외수정 중 사전검사를 통해 태아를 선별하는 기술이 아닐까 싶다.

태아의 세포를 조작하거나 사전검사를 통해 선별하는 이유는 크게 두 가지다. 하나는 형제자매의 질병을 치료하는 데 필요한 유전적 성질을 가진 '구세주 아기savior sibling'를 만들기 위해서고, 다른 하나는 태아의 질병 유무, 지능, 건강, 성별 등의 조건을 조절해 '맞춤형 아기designer baby'를 만들기 위해서다. 전자가 타인의 삶을 증진하는 의도라면, 후자는 아이 본인의 삶을 증진하려는 의도에 초점이 맞춰져 있다.

2008년 8월, 최초의 구세주 아기가 미국에서 태어났다. 판코니 빈혈이라는 희귀한 유전 질환을 앓고 있는 누나에게 줄기세포를 제공하고자 유전자 검사를 통해 태어난 아기다. 2020년 인도에서는 헤모글로빈 수치가 위험할 정도로 낮아 잦은 수혈이 필요한 아들에게 골수를 기증할 딸을 낳은 가족의 사례가 보도되었다.[47] 그리고 같은 해 영국 의회는 세계 최초로 치료용 맞춤 아기 출산을 합법화했다.[48] 그 밖에도 프랑스, 호주에서 구세주 아이를 둘러싼 법적 규정과 도덕적 정당성에 대한 논의가 활발하게 이루어졌다.

유전자 조작이나 사전검사를 통해 아이의 유전적 성질을 결정하는 것을 둘러싼 여론의 갈등은 여전히 거세다. 찬성하는 측은 아픈 형제자매를 살릴 방법이 있는데도 이러한 기술을 사용하지 않는 것은 아픈 아동의 인권을 침해하는 것이라 주장한다. 가업을 잇거나 적적함을 지우고자 아이를 낳는 게 괜찮다면, 아이의 건강에 지장을 주지 않는 선에서 형제자매를 살리기 위해 도움을 주는 것도 문제될 것 없다는 논리를 펼치기도 한다.

반대하는 측은 칸트의 도덕법칙을 인용하며 인간을 오직 어떤 목적을 이루기 위한 '수단'으로만 사용해서는 안 된다고 말한다. 구세주 아기를 부모가 사랑과 애정으로 키운다 해도 아이를 낳은 근본적인 이유에 대한 의문이 제기될 수밖에 없다는 것이다. 아이는 어른과 달리 독립적인 결정을 내리기 어려운 위치에 있다는 점을 고려하면 더욱 그러하다.

반기문 전 유엔 사무총장은 "삶과 죽음을 결정할 수 있는 기술을 개발함에 따라 우리는 근원적인 도덕적 질문에 대해 사회적으로 합의된 가치에 기반해 대답할 필요가 있다"라고 하며, 사회의 도덕적 인식과 기술개발이 발걸음을 맞춰야 한다고 강조했다. 코피 아난 전 사무총장 또한 유전자 조작 기술이 과거 특정 민족의 우수성을 주장하며 다른 민족을 학살한 나치의 우생학이나 《멋진 신세계》와 같은 디스토피아를 촉진하지 않도록 주의해야 한다고 경고했다.[49]

그러나 기술 개발과 사회의 도덕적 인식이 보조를 맞추기는 쉽지 않다. 국가가 사회의 전 영역을 통제할 수 있었던 과거와 달리 현재는 국가가 기술의 발전을 쫓아가기에도 벅차 보인다. 때로는 국가 간의 인식과 규범이 달라 특정 국가의 과학자들과 기업이 손해를 보기도 한다. 중국과 러시아 등은 유전자 조작 연구에 대한 규제가 상대적으로 느슨해 해당 연구를 하기 위해 학자들이 이민을 오는 경우도 있다.

국가 간의 격차 못지않게 개인의 빈부격차에 따른 문제도 있다. 부유한 가정에서는 신체적, 지적 역량이 우수한 태아를 선별해 체외수정을 하는데 다른 가정은 그렇게 하지 못한다면, 빈부격차에 의해 태어나기 전부터 따라잡기 어려운 또 다른 격차가 생길 것이다. 경제적인 이유로 이러한 기술에 접근하지 못하는 계층이 유전적으로 열등하게 분류된다면 그것이야말로 디스토피아 아닌가.

아이의 건강을 지키기 위해 다른 아이의 도움이 필요하다면 어느 선까지 기술의 사용을 허용해야 할까? 개인의 생명권이 다른 사람의 생명권이나 건강권과 충돌하는 사안인 만큼 고민이 깊어질 수밖에 없다. 아이를 살리고자 하는 부모의 입장과 형제자매를 위해 희생하는 아이의 입장, 그리고 아픈 아이의 입장을 충분히 반영하는 기술규제 논의가 우리나라에서도 활성화될 필요가 있다. 이상적인 대답을 한다면, 치료 목적의 유전적 개입은 오롯이 본인이 허용한 경우로 국한되어야 할 것이다.

아울러 규제 기준을 정하는 것과 별개로, 장애를 무조건 치료의 대상으로 삼고 이를 기술로 극복한다는 기술만능주의 자체에 대단히 차별적인 시선이 반영돼 있다는 점을 상기해야 한다. 신체적으로 정신적으로 '우수'하다는 것이 무엇을 의미하는지 생각해보자. 특정한 생김새와 역량을 중요시하는 차별적 인식은 사회적으로 협소하고 맹목적인 '정상성'을 구성하기 마련이다. 그리고 이러한 특징을 가진 아이를 선별적으로 낳는 기술이 보편화되면 그렇지 않은 사람에 대한 차별이 더 심해질 수도 있다. 반인권적인 '정상성'을 기준으로 장애인을 비롯한 소수자를 차별하고 혐오하는 행위는 지금도 우리 사회의 가장 심각한 폭력 중 하나인데, 더 심해질 수 있다는 것이다.

발병하지도 않은 장애와 질병을 신기술을 통해 사전에 제거하는 것을 단순히 '치료' 목적이라 할 수 있을까. 그보다는 정상성의 신화를 숭배하는 우생학적 욕망이라고 보아야 하지 않을까. 장애를 미연에 방지한다는 취지 이면에 깔려 있는 기술 영역의 '비장애 중심주의'는 자칫 장애 있는 사람의 존엄성과 삶의 가치가 비장애인의 그것보다 낮다는 해석으로 이어질 위험이 있다. 독일민족 우월주의를 낳은 우생학이 위험했던 것은 유전적 우성과 열성을 토대로 인간을 차등 선별하고자 했고, 그것이 인간을 평가하는 기본 원칙이라 여겼기 때문이다. 이러한 관점이 비판 없이 수용되는 사회에서는 장애를 바라보는 폭력적이고 차별적 시선을 교정할 수 없다.

책임을 묻는
시민의 역할

_____ 2000년대 초반, 나노기술에 대한 사회적 관심이 증가하면서 젖병과 칫솔 등에 나노물질이 사용되는 '은나노 열풍'이 불었다. 이러한 추세에 맞추어 환경을 보호하고 고객의 건강을 지킨다는 '은나노' 세탁기도 출시되었다. 국내시장에서는 세균을 효과적으로 제거한다는 광고로 많은 소비자의 관심을 끌었다.

하지만 2006년 미국 환경보호청에서는 은 입자가 하천으로 흘러 이로운 박테리아와 미생물을 죽일 가능성을 제기하며, 해당 기술이 적용된 제품을 미국에 수출하려면 은나노 기술이 환경에 해가 없음을 먼저 입증하라고 요구했다.

누가 옳은가.

나노nano란 10억분의 1을 가리키며, 1나노미터는 대략 모래알의 6000분의 1 크기다. 나노물질은 자연에서 만들어지는 미세먼지나 돌가루인 '자연 나노'와 인위적으로 가공되는 '제조 나노'로 나뉜다.[50] 나노기술이란 작은 크기의 물질을 조작하여 이를 기계, 화학, 의학, 환경 등의 분야에 적용하는 것이다.

전문가들은 나노기술의 무궁무진한 가능성을 강조한다. 질병을 진단하고 인공장기를 만드는 데 기여하며 일상에서 내 몸 상태를 확인할 수 있는 센서 기술을 발전시키는 등 다양한 의학적 목적으로 사용될 수 있다고 한다. 환경을 오염시키는 물질을 더 빠르고 값싸게 제거해 토양과 해양 보존에 큰 도움이 될 것이라는 예측도 있다.

하지만 아주 작은 나노물질이 피부나 기관지로 들어오면 인체에 어떤 영향을 미칠지에 대한 우려도 동시에 제기된다. 화장품, 의약품, 식품 등에도 사용되는 나노물질이 몸속에 쌓이면 예상치 못한 부작용이 일어날 수도 있기 때문이다. 철이나 플라스틱 기반으로 만들어진 나노물질이 토양과 수질 오염을 일으킬 가능성도 있다. 인체와 환경에 해가 없는 나노물질을 찾으려는 노력이 계속되고 있지만 안심하기는 이르다는 경계심이 큰 것 같다.

부작용이 있는지 없는지 현재로서는 정확히 알기 어렵다. 신기술의 영향은 단기간에 드러나는 것이 아니라 몇십 년 후에 나타날수도 있기에 짧은 실험이나 연구만으로 특정 물질의 안정성을 보장하기도 어렵다. 단적인 예가 유전자변형식품이다. 이미 1990년대부터 상용화되었지만 아직도 소비자들의 온전한 신뢰를 얻지못했다. 여전히 절대다수의 소비자들이 유기농 식품, 친환경 식품이 더 안전하고 좋다고 생각한다.

신기술이 소비자의 신뢰를 얻기 위해서는 적절한 규제와 법규가 필수적이다. 미국에는 나노물질을 화학물질로 규정하여 수입, 제조, 판매 등을 규정하는 독성물질관리법이 있고 유럽연합도 신화학물질관리규정에 나노물질을 포함했다. 하지만 나노안전성정보시스템에 의하면 우리나라에는 나노물질의 특성을 반영한 규제와 법규가 충분히 마련되지 않은 상태다. 이에 환경부는 나노안전 관련 기초자료 및 기술을 기반으로 시중에 유통되는 나노물질및 제품의 안전관리 제도를 도입하고자 관계부처를 아우른 나노안전관리 종합계획을 마련한 바 있다.

신기술에 대한 의구심이 이는 것은 나노물질만이 아니다. 국내사용자가 1700만 명이 넘는 5G 기술 또한 인체와 환경에 유해하다는 우려가 한동안 제기되었다. 기존 LTE에 비해 높은 고주파 대역이 뇌종양이나 불임을 유발할 수 있으며 꿀벌의 비행에 영향을 미쳐 개체 수 감소로 이어진다는 논란도 일었다. 우리나라만이 아니라 스위스에서도 5G 기지국 설치 반대 운동과 청원이 있었고, 러시아 국영방송에서는 5G 기술이 소아암을 유발할 수 있다고 보도했다.

그러나 국립전파연구원을 포함한 여러 전문가는 5G 기술로 발생하는 전자파는 기존 통신기술을 통해 발생하는 전자파와 같거나 낮은 수준이며 5G 기술이 질병을 유발한다는 근거를 찾을 수 없다고 발표했다.

나노물질이나 5G처럼 새로운 기술이 개발되고 상업화되어 선풍적인 인기를 끄는 경우가 많다. 하지만 이러한 기술이 환경과 인체에 어떤 영향을 미치는지, 혹여나 위험은 없는지에 대해 우리는 구체적으로 알지 못한다. 일상생활에 바빠 기업 광고가 내보내는 메시지만 받아들일 뿐이다.

신기술로 이윤을 창출하고자 하는 기업은 최소한의 검증과 조사를 거쳐 신속히 상업화할수록 이득이 된다. 그래서 우선 기술을 상용화한 다음 부작용이 발생하면 그때 사용을 중단하기도 한다. 그러나 환경과 건강을 생각한다면 기업이 상업화 이전에 해당 제품이 무해하다는 것을 증명하는 식의 변화가 필요하다는 주장도 나온다.[51] 나날이 새로운 기술이 개발되고 정부보다 사기업의 기술 이해도가 더 높아지는 만큼 소비자들을 보호하기 위해 진지하게 고려해볼 제안이다.

물론 쉬운 변화는 아니다. 기업들의 저항은 물론이거니와 당장 기술을 필요로 하는 이들도 있기 때문이다. 예컨대 코로나19 같은 위기상황에서 신중론을 펼치기는 쉽지 않다. 일반적으로 백신은 10여 년에 걸쳐 개발되는데, 코로나19 백신은 불과 1년여 만에 모든 개발과정을 마무리하고 대량생산되었다. 지구적 대유행의 위기 속에 국가와 기업이 협력한 결과다. 하지만 백신의 효과성과 안전성에 대한 논란은 끊이지 않는다. 하루빨리 일상으로 돌아가기 위해 신속하게 백신을 접종해야 한다는 의견과, 백신의 효과에 비해 부작용의 위험이 클 수 있으므로 백신 접종 의무화는 옳지 않다는 의견이 팽팽하게 맞섰다. 백신의 부작용을 호소하는 사람들의 이야기도 상당했다. 사회적 거리두기 해제를 둘러싼 논란도 첨예했다. 전문가마다 의견이 다르고 국가마다 정책이 다르다.

이에 대한 정답은 수십 년이 지나서야 정확히 판단할 수 있을 것이다.

과학이 발달할수록 우리는 '사실'이라 부를 단 하나의 객관적 진실이 있다고 믿게 되는 듯하다. 하지만 실제로는 과학과 기술이 발전할수록 사실이 무엇인지에 대한 논란은 더 뜨겁게 불거진다. 심지어 지구의 가장 큰 위기로 대두되고 있는 환경위기에 대해서도 의견이 분분하다. 누군가는 여러 조사와 연구를 바탕으로 환경오염이 지구온난화를 초래한 것이 '사실'이라 말하지만, 다른 누군가는 지구온난화는 빙하기와 간빙기를 오가는 자연스러운 순환의 일부라 주장하며 관련 근거를 수집해 연구한다.

진실에 대한 의구심이 늘어나는 탈진실의 시대에는 신기술이 사람과 환경에 미치는 영향에 대한 평가도 갈리기 마련이다. 무엇이 진실인지 찾아가는 과정에서 여러 입장이 대립할 수도 있다. 하나의 사안에 대해 다양한 의견이 오가고 토론이 이루어지는 것은 피할 수 없고 환영할 일이다. 사실을 둘러싼 다양한 맥락을 검토할 수 있고, 지혜를 모아 더 나은 결론을 이끌어낼 가능성도 커지기 때문이다. 그러나 탈진실의 시대에는 실제 일어난 사실보다 개인적인 신념이나 감정에 휩쓸리기가 훨씬 쉽다. 그렇게 휩쓸린 의견이 여론이 되어 진실로 둔갑하기도 한다. 의도적으로 진실이 만들어지기도 한다. 사기업은 이윤을 창출하기 위해, 정부는 정치적 목적을 가지고 자신에게 유리한 정보를 활용하기도 한다. 심지어 어떤 이들은 개인의 정치적, 금전적 이익을 위해 의도적으로 진실을 왜곡하기도 한다. 정보는 다양하지만 전문가가 아닌 한 단편적인 정보에만 접근할 수 있을 따름이다. 더러는 왜곡된 정보만 보게 될 수도 있다.

　그럴수록 더 많은 정보가 투명하게 제공되고 개인에게 선택할 권리가 주어지는 환경을 조성하는 길밖에 다른 방법이 없다. 학계, 언론계는 물론 시민사회의 적극적인 역할이 요구된다. 신기술을 연구하고 개발하는 학계와 이를 상용화해 이득을 취하는 이들에게 적극적으로 진실을 확인하고 책임을 묻는 시민의 역할이 그 어느 때보다 중요하다.

배려와 자유를 생각한다

         좁은 골목길에서 길을 건너려고 하는데 자동차가 빠르게 다가온다. 나는 길가로 바짝 붙으면서 차가 지나가기를 기다리는데, 차도 멈추더니 움직이지 않는다. 아무리 먼저 가라고 손짓을 해도 가지 않는다. 내가 건너가기를 기다리는 것이다.

제네바에서 종종 경험하는 일이다. 유엔 업무차 제네바 출장을 자주 다닌 터라 거기서는 항상 사람이 우선한다는 것을 잘 알고 있지만, 아직도 차가 나타나면 일단 멈칫거린다. 어려서부터 그렇게 배우고 자랐기 때문이다.

인권의 기준에서 보면 보행자가 우선하는 것이 더 인권친화적이라 할 수 있겠다. 자동차보다는 사람이 약자이니 자동차가 양보하는 것이 옳다. 한국에도 보행자 우선의 문화가 서서히 생겨나고 있지만, 아직은 제네바식으로 운전하기가 쉽지 않은 것 같다. 보행자에게 양보하려고 기다리면 뒤에서 따라오는 차들이 경적을 울린다. 보행자들도 먼저 건너려 하지 않는다. 보행자들은 차 조심하는 습관이 몸에 배어 있고 운전자들도 보행자를 기다리지 않는 관습이 남아 있다. 이 관행을 바꾸려면 어떻게 해야 할까.

보행자에게 양보하지 않는 운전자를 처벌하는 강력한 규제정책을 시행한다고 해결될 문제는 아닐 것이다. 좀 더 인권친화적인 문화를 키워가야 한다는 말이 아마도 정답에 가까울 것이다. 그러나 더 좋은 관행을 집단적으로 습득하는 것이 말처럼 쉬운 일은 아니다.

인권친화적인 사회를 만들려는 우리의 노력은 지금도 진행형이다. 과거 오랫동안 우리 사회는 여성, 성소수자, 장애인, 난민 등 소수자에 관심 갖지 않았고 공감하려는 노력도 부족했다. 그 결과 잘못이라는 인식도 없이 심각한 차별과 혐오, 낙인 등의 인권침해가 발생하곤 했다. 그러다 개인의 권리에 대한 논의가 확산되고 인권의식이 높아지면서 우리 사회의 구조적 차별을 개선하려는 노력이 이루어지고 있다. 아직 가야 할 길이 멀지만, 고무적인 변화임이 분명하다.

그러나 한편으로, 개인의 인권의식은 높아졌지만 대부분 타인의 입장을 헤아리기보다는 각자 자기의 권리를 찾는 데만 급급한 듯하다. 그래서 인권의식은 올라가는데 사회적 갈등은 오히려 더 심각해지는 아이러니한 현상이 발생하고 있다.

소수자 차별만이 아니다. 사생활권, 표현의 자유, 언론의 자유 등 자유권과 관련한 갈등도 더 많이 생겨나고 있다. 무엇이 옳고 바람직한지 각자 생각은 다른데 남의 생각을 이해하려는 노력은 부족하다. 개인의 존엄성이 크게 손상된 경우 진상을 파악하고 피해자를 구제해야 하는 것은 당연하지만, 피해자와 가해자를 선명히 구분하기 어려운 경우도 많다. 심지어 가해자를 찾아내 엄중히 책임을 묻고 처벌하려는 노력이 또 다른 인권침해로 이어지기도 한다.

개인 권리에 대한 자각이 사회적 갈등과 분열로 향하지 않고 모두의 인권을 증진하는 방향으로 나아가려면 어떻게 해야 할까?

혐오와 차별은 인간 본성에 자리해 있다고 한다. 근원적으로 없앨 수는 없으니 발현되지 않도록 꾸준한 노력과 인내가 필요하다. 하지만 배려하고 공감하는 능력 역시 인간의 본성에 있다. 지나가

다 넘어진 사람을 도와주고 그 사람이 고마워할 때 나도 기쁜 것은 그런 이치다.

공감하는 본성에 소통하는 노력과 교육이 더해진다면 내 생각만 옳다고 여기고, 자기의 권리만 보느라 타인의 권리는 간과하는 우를 범하지 않게 될 것이다. '나'에서 '우리'로 시야가 넓어질 것이다. 갈등을 부르는 인권이 아니라 조화를 이루는 인권이 가능할 것이다. 그럴 때 법을 통한 규제도 효력을 발휘할 것이다.

단, 이 공감의 범위를 좁게 두어서는 안 된다. 좁은 범위의 공감은 자칫 다른 집단을 향한 더 큰 혐오를 낳을 위험이 있다. 좁은 인권의 개념에서 벗어나 서로의 생각과 처지를 헤아리는 노력이 필요하다. '우리'가 우리 가족, 우리 집단, 대한민국에 머물지 말고 더 확장되어야 한다.

한국은 이제 국제사회에서 선진국으로서 존경받는 국가가 되었다. 영화 〈기생충〉, 드라마 〈오징어 게임〉, 케이팝의 성공은 우연한 일이 아니다. 2022년 3월 유엔자유권위원회의 마지막 날, 회의가 모두 마무리되고 회의장 대형화면에 BTS가 유엔총회에서 부른 노래 영상이 울려 퍼졌다. 가슴이 뭉클했다. 더 놀라운 사실은 그것을 보는 참석자들 모두 BTS가 한국 가수인 것을 알고 나를 쳐다보았다는 것이다. 그만큼 책임감의 무게가 느껴졌다.

경제와 정치, 문화의 영역이 그러하듯 인권에 관해서도 이제 국경을 초월해 지구공동체를 생각해야 한다. 애국심을 없애라는 것이 아니다. 남을 배려한다고 나 자신에 대한 사랑이 없어지는 게아니지 않은가. 나의 이익을 추구하되 남을 배려하듯이, 애국심을가지되 타국인을 존중하고 배려하자는 것이다. 먼 지구촌 다른 곳에 사는 사람들의 고통에 공감하고 그들을 배려하는 정신은 역설적으로 우리에게 더 큰 자유와 행복을 줄 수 있다.

이러한 정신과 노력은 디지털 시대에 더욱 중요하다. 디지털 기술의 발달이 초래한 급격한 변화는 인류사회에 큰 혜택을 가져올수 있고, 동시에 우리 모두의 존엄성을 크게 해칠 수도 있다. 디지털 시대의 인권문제는 나와 남의 경계가 없다. 우리 모두의 문제다. 우리도 모르는 사이 우리의 존엄성이 훼손되고 가진 자와 그렇지 않은 자의 격차는 더 벌어지고, 새로운 차별이 등장하고 있다.남의 존엄성이 훼손되면 나의 인권도 침해될 수밖에 없다.

우리는 코로나19 팬데믹을 겪으면서 집회결사의 자유와 사생활권 같은 개인의 자유가 항상 보장될 수는 없다는 것을 실감했다. 집단의 안전과 건강을 위해 개인의 자유가 제약되는 순간을실제로 겪었다. 그 모든 순간에 디지털 기술이 적용되었다. 앞으로도 그럴 것이다. 디지털 기술을 활용한 개인의 자유권 침해를 어디까지 허용할지에 대한 진지한 고민과 합의가 필요하다. 집단의 안녕과 개인의 자유, 무엇이 더 중요한지 정답은 없다. 그리고 정답이 없는 인권문제는 앞으로 점점 더 많아지고, 양상도 복잡해질 것이다.

보행자에게 길을 양보하고 기다리는 운전자의 모습을 보면 마음이 훈훈해진다. 작은 배려로 우리는 행복을 찾을 수 있다. 행복은 자유로움이다. 이 간단한 원리가 복잡한 인권문제를 해결하는 실마리가 아닐까. 배려할 때 진정한 자유가 온다.

주

1. "International Charter of Physical Education, Physical Activity and Sport", UNESCO, 2015.

2. 고기복, "스포츠권의 보장을 위한 비교법적 연구", 스포츠엔터테인 먼트와 법 22, no. 4 (2019): 123-144.

3. "최숙현 동료들 '팀은 감독과 특정 선수만의 왕국이었다'", 조선일보, 2020년 7월 6일.

4. "학교 운동부 코치 수년간 학생 폭행 의혹… 경찰 고발", 연합뉴스, 2021년 4월 20일.

5. 박선영, "스포츠분야 성폭력/폭력 사건 판례분석 및 구제방안 연구",

국가인권위원회 발간자료, 2019.

6. 양종구, "스포츠마당 : 체육학과 폭력은 또 다른 악의 평범성", 스포 츠과학 127 (2014): 70-76.

7. "주범은 정파적 뉴스 소비, 무엇이 팩트를 가리나", 한국언론진흥재 단, 2020년 7월 7일.

8. "Statement by Irene Khan, Special Rapporteur on the promotion and protection of freedom of opinion and expression", United Nations Human Rights Council, 18 Oct 2021.

9. "Twitter hides Trump mail voting tweet ahead of polling day", BBC News, 3 Nov 2020.

10. "한국과 일본은 사명이 있다", 자오궈뱌오, 한겨레, 2005년 1월 24 일.

11. UN General Assembly A/HRC/43/46, "Study on utilizing non-repatriated illicit funds with a view to supporting the achievement of the Sustainable Development Goals", Report of the Human Rights Coucial Adviosry Committee, 2020.

12. "Illicit Financial Flows from Developing Countries : Measuring OECD Responses", OECD, 2014.

13. "코로나19 이후 '아시안 혐오범죄' 급증… 1년간 약 4천건", 한겨레,

2021년 3월 17일.

14. 엉망, "다문화사회를 만드는 일, '여기'에서 출발한다", 프레시안, 2021년 6월 24일.

15. "기후위기와 인권에 관한 인식과 국내·외 정책 동향 실태조사", 국가인권위원회, 2021.

16. The International Energy Agency (IEA), the International Renewable Energy Agency (IRENA), the UN Department of Economic and Social Affairs (UN DESA), the World Bank, and the World Health Organization (WHO), Tracking SDG 7: The Energy Progress Report, Jul 2021.

17. "Groundswell Part 2 : Acting on Internal Climate Migration", WorldBank Group, Sep 2021.

18. Greta Thunberg's Speech At The U.N. Climate Action Summit, 23 Sep 2019.

19. Sabin Center's Global Climate Litigation, Climate Change Litigation Databases (climatecasechart.com/climate-change-litigation).

20. Robert Reich, "Coronavirus Is Creating a New Class Divide That Threatens Us All", Newsweek, 28 Apr 2020.

21. "靑관계자 '톨게이트 수납원, 없어지는 직업인 게 보이지 않느냐'",

프레시안, 2019년 10월 13일.

22. "Robots and Industrialization in Developing Countries", United Nations Conference on Trade and Development, Oct 2016.

23. "Automation: A Framework for a Sustainable Transition", United Nations Global Compact, 2017.

24. "기본소득에 대한 설문조사", 한국경제학회, 2020년 7월 8일.

25. Paul Bischoff, "Surveillance camera statistics: which cities have the most CCTV cameras?", Comparitech, 17 May 2021.

26. "민간부문 CCTV 설치 및 운영 실태조사", 국가인권위원회, 2010년 12월 14일.

27. "이젠 코미디프로 '몰래카메라' 보고 웃을 수 없겠어요", 국가인권위원회 휴먼레터, 2007년 7월.

28. "인권위, '롯데자이언츠 구단의 CCTV를 이용한 선수의 사생활 감시는 인권침해'", 국가인권위원회, 2015년 3월 11일.

29. "정부, 출입국 얼굴사진 1억7천만건 AI업체에 넘겼다", 한겨레, 2021년 10월 21일.

30. "코로나19 확진자의 과도한 사생활 공개 관련 국가인권위원장 성명", 국가인권위원회, 2020년 3월 9일.

31. Cliffton B. Parke, "Michal Kosinki: Computers Are Better

Judges of Your Presonality Than Friends", Stanford Business, 23 Jan 2015.

32. Ryan Smith, "Data breach at insurance company impacts up to one million customers", Insurance Business, 4 Nov 2020.

33. "대학생 10명 중 8명 '유전무죄 무전유죄 동의'", YTN 뉴스, 2016년 4월 22일.

34. Stephen Chen, "Chinese scientists develop AI 'prosecutor' that can press its own charges", South China Morning Post, 26 Dec 2021.

35. Jeff Larson, Surya Mattu, Lauren Kirchner and Julia Angwin, "How We Analyzed the COMPAS Recidivism Algorithm", Pro Publica, 23 May 2016.

36. "AI가 준 학점, 가난한 학생을 차별했다", 한겨레, 2020년 8월 24일.

37. "ICJ calls for a holistic human rights approach to artificial intelligence before UN Human Rights Council", International Commission of Jurists, 5 Jul 2021.

38. "Unboxing artificial intelligence: 10 steps to protect human rights", Council of Europe, 14 May 2019.

39. 임영익, 《프레디쿠스》, 클라우드나인, 2019.

40. "Letter dated 8 March 2021 from the Panel of Experts on

Libya established pursuant to resolution 1973 (2011) addressed to the President of the Security Council", UN Security Council, 8 Mar 2021.

41. "무인살상드론, 자율적으로 공격했다… 유엔 보고서 통해 밝혀", AI 타임스, 2021년 6월 4일.

42. "Hidden Pentagon Records Reveal Patterns of Failure in Deadly Airstrikes", The New York Times, 18 Dec 2021.

43. 유준구, "자율살상무기체계의 논의 동향과 쟁점", 국립외교원 외교안보연구소, 2019년 12월.

44. 임예준, "인공지능 시대의 전쟁자동화와 인권에 관한 소고-국제법상 자율살상무기의 규제를 중심으로", 통일연구원, 2019.

45. "Report of the Special Rapporteur on extrajudicial, summary or arbitrary executions, Christof Heyns", UN General Assembly, 9 Apr 2013.

46. "UN talks fail to open negotiations on 'killer robots'", Aljazeera, 18 Dec 2021.

47. ""오빠 골수이식 위해 낳은 동생"… 인도 '구세주 아기' 논란", 국민일보, 2020년 10월 27일.

48. "英, '치료용 맞춤아기' 세계 첫 합법화", 문화일보, 2008년 5월 21일.

49. "UN panel warns against 'designer babies' and eugenics in 'editing' of human DNA", UN News, 5 Oct 2015.

50. "[줌 인 피플] 돌고 돌아 인간에게… '나노물질'의 위험성! 경희대학교 박은정 교수", YTN 사이언스, 2019년 12월 5일.

51. 김승섭, 《아픔이 길이 되려면》, 동아시아, 2017.